Fälle aus der Kreditpraxis

Inhaltsverzeichnis

I. Kreditausreichung gegen Bestellung einer Grundschuld und Sicherungsübereignung

Das Importhaus Felix Weinberg in Hamburg erhält eine Ladung Getreide im Wert von 300 000 DM. Dieser Posten ist bereits fest an eine Großmühle verkauft, er wird aber erst in sechs Wochen abgenommen. Das Getreide muß daher in Silos eingelagert werden. Kreditbedarf 280 000 DM auf acht Wochen.

Aktiva	*Bilanz zum 31. 12. 1977*		Passiva
Grundstück mit Lagerhalle und Silo	300 000	Kapital	294 000
Hebe- und Fördermaschinen, Fuhrpark	30 000	Grundschuld	90 000
Geschäftseinrichtung	5 000	Warenverbindlichkeiten	50 000
Anlagevermögen	335 000	Akzepte	25 000
Vorräte	60 000		
Warenforderungen	40 000		
Kasse, Bank	24 000		
Umlaufvermögen	124 000		
	459 000		459 000

Umsatz 1977: 1 500 000 DM bei einem Rohgewinnaufschlag von 25 % (Handelsspanne von 20 %). Einstandspreis also 1 200 000 DM.

Gewinn 1977: 44 000 DM. Keine Entnahmen und Einlagen in 1977.

Die Bonität der Forderungen ist einwandfrei.

Bilanzanalyse

Kapitalstruktur

$$\text{Verschuldungskoeffizient} = \frac{165\,000}{294\,000} = 0{,}56$$

Das Verhältnis des Fremdkapitals zum Eigenkapital ist günstig: Das Fremdkapital beträgt nur wenig mehr als die Hälfte des Eigenkapitals.

$$\text{Anspannungsgrad} = \frac{165\,000 \times 100}{459\,000} = 36\ \%$$

Ein Drittel des Gesamtkapitals ist Fremdkapital.

Anlagendeckung

$$\text{Anlagendeckung} = \frac{294\,000 \times 100}{335\,000} = 87{,}8\ \%$$

Unter Berücksichtigung der Grundschuld sind jedoch 16,6 %, das heißt ein Sechstel des Eigenkapitals, zur Deckung des Umlaufvermögens frei.

Liquidität

$$\text{Liquidität 1. Grades} = \frac{64\,000 \times 100}{75\,000} = 85{,}3\ \%$$

$$\text{Liquidität 2. Grades} = \frac{124\,000 \times 100}{75\,000} = 165{,}3\ \%$$

Die Liquiditätsverhältnisse sind durchaus befriedigend.

Rentabilität

$$\text{Rentabilität des Eigenkapitals} = \frac{44\,000 \times 100}{294\,000 - 44\,000} = 17{,}6\ \%$$

Bei der Errechnung der Rentabilität des Gesamtkapitals sind die Fremdkapitalzinsen zu berücksichtigen. Unter der Annahme, daß der Akzeptbestand etwa dem Jahresdurchschnitt entspricht, betragen die Zinsen:

Akzepte	1 625 DM
Hypothek	6 750 DM
insgesamt	8 375 DM

$$\text{Rentabilität des Gesamtkapitals} = \frac{(44\,000 + 8\,375) \times 100}{459\,000 - 44\,000} = 12{,}6\ \%$$

Beide Prozentsätze sind der Ausdruck einer sehr guten Rentabilität.

Umsatzverdienstrate

$$\text{Umsatzverdienstrate} = \frac{44\,000 \times 100}{1\,500\,000} = 2{,}9\ \%$$

Umschlag der Forderungen

$$\text{Umschlagshäufigkeit} = \frac{1\,500\,000}{40\,000} = 37{,}5$$

$$\text{Umschlagsgeschwindigkeit} = \frac{360}{37{,}5} = 9{,}6$$

Die Zahlungsweise der Kunden ist sehr gut: Es wird durchschnittlich innerhalb von zehn Tagen gezahlt.

Lagerumschlag

$$\text{Umschlagshäufigkeit} = \frac{1\,200\,000}{60\,000} = 20$$

$$\text{Umschlagsgeschwindigkeit} = \frac{360}{20} = 18$$

Der Lagerumschlag zeigt, daß die Umsatztätigkeit sehr rege ist.

Kreditbesprechung

Der Kunde arbeitet seit 15 Jahren mit der Bank. Die Bankumsätze betrugen 1975: 2 220 000 DM, 1976: 2 010 000 DM, 1977: 2 316 000 DM.

Flüssige Kontoführung 1978	Höchstschuld:	110 000 DM
	Höchstguthaben:	42 000 DM

Der beantragte Kredit wird aufgrund des günstigen Bildes, das die Bilanzanalyse ergibt, bewilligt.

Als Sicherheiten werden abgesprochen:

1. Eine Grundschuld auf das Grundstück in Höhe von 100 000 DM im Rang nach dem schon bestehenden Grundpfandrecht. Die Nachrangigkeit ist angesichts des Grundstückswerts sowie der nur kurzfristigen Inanspruchnahme des Kredits und der Solidität des Kunden vertretbar.
2. Sicherungsübereignung des gekauften Getreides in Höhe von 300 000 DM. An sich wäre eine Scherungsübereignung in dieser Höhe nicht erforderlich; da aber der Posten in zwei Silos gelagert wird, muß der gesamte Posten erfaßt werden.

Was hat der Kreditsachbearbeiter nach der Genehmigung zu tun?

(1) Übereignungsvertrag und Listen müssen genau geprüft werden, ob die Sicherungsübereignung ordnungsgemäß durchgeführt ist.
(2) Die Ware muß ausreichend gegen Feuer versichert sein.
(3) Sicherungsschein einholen.
(4) Kontrolle des Übereignungsguts in periodischen Abständen.
(5) Bei Auslieferung der Ware sofort Hereinnahme der Sicherungszession an Stelle der Warenübereignung. Prüfung der Bonität des Abnehmers. Bankauskünfte, gegebenenfalls Anzeige der Forderungsabtretung an den Drittschuldner.

Zusammenfassung

(1) Das Sicherungsübereignungsgut muß genau bestimmt werden. Ein unbeteiligter Dritter (zum Beispiel Konkursverwalter) muß aufgrund des Sicherungsübereignungsvertrags in der Lage sein, das Sicherungsübereignungsgut festzustellen.
(2) Das Sicherungsübereignungsgut muß ausreichend gegen Feuer versichert sein.
(3) Ein Sicherungsschein ist einzuholen, das heißt, die Versicherungsgesellschaft wird davon verständigt, daß die Ware der X-Bank übereignet ist, und gebeten, der Bank zu bestätigen, daß sie von dieser Übereignung Kenntnis genommen hat und im Schadenfall nur an die Bank zahlen wird.
(4) Die Sicherungsübereignung muß in kurzen Zeitabständen überprüft werden.

Kreditentscheid

Importhaus Felix Weinberg, Hamburg

Handelsregister: *eingesehen 11/78*
Einzelunternehmen. Inhaber: Felix Weinberg

Antrag: *Kontokorrentkredit 280 000 DM auf acht Wochen*

Kreditzweck: *Ankauf von Getreide*

Sicherheit:
1. *100 000 DM II. Grundschuld auf Lagerhalle und Silo, Hamburg, Alsterkai 26, nach 90 000 DM Hypothek der Z-Bank*
   Einheitswert: 120 000 DM
   Feuerversicherungswert: 100 000 DM Stammversicherung
   Beleihungswert: 320 000 DM
   Eigentümer: Felix Weinberg
2. *300 000 DM Sicherungsübereignung des in den beiden Silos unseres Pfandobjekts lagernden Getreides*

Konditionen: *normal*

Begründung: *Für die Einfuhr kanadischen Weizens im Betrag von 300 000 DM wird ein Kredit von 280 000 DM benötigt. Die Partie ist bereits fest verkauft an die X-Mühle in Mannheim. Abnehmer erstklassig. Die Ware wird erst in sechs Wochen abgenommen. Die Bilanz des Kreditnehmers zum 31. 12. 1977 zeigt:*

245 000 DM	*Anlagevermögen nach Abzug von 90 000 DM Hypotheken*
49 000 DM	*Überdeckung der liquiden Mittel nach Abzug von 75 000 DM Verbindlichkeiten*
294 000 DM	*Eigenkapital bei 165 000 DM Fremdkapital*
Umsatz 1977:	*1 500 000 DM*
Gewinn 1977:	*44 000 DM*

Unsere Sicherheiten:

a) Die Grundschuld kann als vollwertig betrachtet werden. Sehr leicht verkäufliches Objekt in bester Lage am Hafen.

b) Die Sicherungsübereignung des Getreides stellt eine einwandfreie Sicherheit dar. Die Ware ist jederzeit verkäuflich.

Allgemeines: Kunde seit 15 Jahren. Angenehme Verbindung. Die bisher zur Verfügung gestellten Kredite wurden jeweils reibungslos abgewickelt.

1978	*Höchstschuld*	*110 000 DM*
	Höchstguthaben	*42 000 DM*

Beschluß: *Genehmigt wie beantragt.*

16. 11. 1978 (Unterschrift)

Termin: 19. 11. 1978: Übereignungsvertrag und Listen. Sicherungsschein beantragt?

Termin: 27. 11. 1978: Sicherungsschein eingetroffen?

Termin: 17. 12. 1978: Übereignungskontrolle

Termin: 14. 01. 1979: Kredit zurückgeführt?

II. Das Praxisdarlehen

Die Kreditgewährung an freiberuflich Tätige ist ein hart umkämpfter Spezialmarkt im deutschen Kreditwesen. Als „freien Beruf" bezeichnet man eine selbständige Berufstätigkeit, die in der Regel wissenschaftliche oder künstlerische Vorbildung voraussetzt. Besonders die Existenzgründung von Ärzten und Fachärzten bedarf der kreditmäßigen Unterstützung der Kreditinstitute, denn nur in den seltensten Fällen kann eine ausreichende Eigenkapitalbasis oder die Stellung dinglicher Sicherheiten nachgewiesen werden.

Die Kreditinstitute erbringen bei der Gewährung von Existenzgründungs- und Praxisdarlehen Vorleistungen mit der Erwartung, daß nach der Anlaufphase Anschlußgeschäfte (cross-selling) ein ausreichendes Äquivalent bringen können. Bei der Kreditwürdigkeitsprüfung müssen sich die Kreditinstitute einen umfassenden Einblick in die persönlichen und wirtschaftlichen Verhältnisse des Antragstellers verschaffen. Während die Zeugnisse der Universitäten und Standesorganisationen Auskunft über die fachlichen Qualifikationen des Artzes/Facharztes geben, können die Einkommensteuerbescheide nur bedingt die wirtschaftlichen Verhältnisse offenlegen. Wie ein Gutachten über die wirtschaftlichen Aussichten einer neuen Facharztpraxis aussehen kann, wird nachfolgend dargestellt.

Landesärztekammer

Körperschaft des öffentlichen Rechts

An die

XY-Bank AG

Filiale Wiesbaden

Vertraulich

Es ist uns bekannt, daß Herr Dr. Maier Anfang Juli 1977 in der Sonnenberger Straße eine orthopädische Fachpraxis eröffnen möchte. Herr Dr. Maier hat diese Planung leider ohne Rücksprache mit uns durchgeführt; sonst hätten wir ihn von vornherein darauf aufmerksam machen müssen, daß die Erfolgsaussichten seiner orthopädischen Praxis mit Zurückhaltung beurteilt werden müssen.

Nach einer uns vorliegenden Stellungnahme des Berufsverbandes der Orthopäden wird auf 25 000 bis 30 000 Einwohner in einem Stadtbereich ein Orthopäde gerechnet, um die Versorgung sicherzustellen. In Landbezirken rechnet man auf eine Einwohnerzahl von 40 000 bis 50 000 einen Orthopäden.

Für die Stadt Wiesbaden würden mithin zehn Orthopäden ausreichen, um die orthopädische Versorgung sicherzustellen. In Wiesbaden mit seinen 250 000 Einwohnern sind jedoch schon zwölf Orthopäden niedergelassen; außerdem besteht noch ein großes Ambulatorium in der Orthopädischen Klinik.

Rechnet man großzügig noch die 40 000 bis 50 000 Einwohner der Umgebung hinzu, so würde dafür noch ein weiterer Orthopäde in Frage kommen. Es sind jedoch im Untertaunuskreis drei Orthopäden tätig.

Von den zwölf Orthopäden haben sich drei im letzten Jahr in Wiesbaden niedergelassen; ihre Praxen sind noch voll in der Entwicklung. Wir müssen also zu dem Ergebnis kommen, daß der Start für einen weiteren Orthopäden in Wiesbaden sicherlich schwierig sein wird, zumal die kürzlich niedergelassenen Orthopäden alle aus Wiesbaden stammen und Herr Dr. Maier in Wiesbaden unbekannt ist. Selbstverständlich wird auf die Dauer der Erfolg einer Praxis auch stark von persönlichen Eigenschaften des Arztes und der besonderen Praxisgestaltung geprägt; diese Faktoren können wir verständlicherweise nicht abschätzen. Zusammenfassend müssen wir daher bedauern, den Antrag von Herrn Dr. Maier zur Gewährung eines Existenzgründungskredites nicht befürworten zu können.

Landesärztekammer
Körperschaft des öffentlichen Rechts

Was hat nun der Kreditfachmann von einem solchen Gutachten zu halten; wie ist es zu interpretieren?

Auf den ersten Blick zeigt das Gutachten deutlich negative Merkmale; im letzten Satz wird die Gewährung eines Existenzgründungsdarlehens eindeutig abgelehnt. Nun sind aber Standesorganisationen wie Landes- oder Bezirksärztekammern keine Kreditinstitute, die wirtschaftliche Risiken berufsmäßig und objektiv abschätzen; sie sind und bleiben vor allem Vertreter ihres Standes, den sie schützen wollen. „Schützen“ kann in diesem Fall durchaus als ein Schützen vor mehr Konkurrenz ausgelegt werden, bedeutet doch eine neue Praxis bei gleichbleibender Bevölkerungszahl und gleichbleibendem Krankenstand eine Verringerung der Patientenzahl bei den schon niedergelassenen Fachärzten und damit ceteris paribus eine Einkommensminderung.

In seinen Kreditantrag konnte der neue Facharzt überzeugend darlegen, daß in seinem Stadtbezirk ca. 30 000 Einwohner auf seine Praxis entfallen werden. Auch konnte er den Kreditsachbearbeiter überzeugen, daß er durchaus kein Unbekannter, sondern dank seiner Arbeit an Kliniken im Stadtbereich und im näheren Einzugsbereich sowie dank seiner Tätigkeit als Sportmediziner durchaus als „eindeutig bekannt“ einzustufen ist.

Unter Berücksichtigung dieser Erkenntnisse kann daher das zuerst negative Gutachten der Ärztekammer in eine Stellungnahme umgedeutet werden, welche die wirtschaftlichen Aussichten der neuen Arztpraxis in einem neuen und risikogeminderten Licht erscheinen läßt.

Im Kreditantrag hat der neue Facharzt u. a. die Abtretung seiner Ansprüche gegen die zuständige Kassenärztliche Vereinigung angeboten. Nachfolgend geben wir ein Muster der entsprechenden Abtretungsurkunde.

Abtretungsurkunde

Die XY-Bank AG, Filiale Wiesbaden, hat

Herrn Dr. med. Max Maier

ein Darlehen für die Arztpraxis gegeben.

Herr Dr. med. Max Maier

hat gegen die Kassenärztliche Vereinigung jetzige und künftige Forderungen aus laufender Vergütung.

Zur Sicherung des Darlehens nebst Zinsen tritt er hierdurch diese Forderungen an die:

XY-Bank AG, Filiale Wiesbaden,

ab.

Die XY-Bank AG, Filiale Wiesbaden, nimmt diese Abtretung an und ermächtigt hiermit die Kassenärztliche Vereinigung, die Vergütung an den Abtretenden zu zahlen, und zwar durch Überweisung auf sein Konto Nr. 123 456 789 1 bei der XY-Bank AG, Filiale Wiesbaden. Diese Ermächtigung ist jederzeit widerruflich.

Dem Abtretenden gegenüber hat sich die XY-Bank verpflichtet, die Ermächtigung nur dann zu widerrufen, wenn der Darlehensschuldner mit der Zahlung einer Zinsrate, einer Rückzahlungsrate oder des Kapitalrestes ganz oder teilweise einen Monat in Verzug oder das Darlehen zur Rückzahlung fällig ist.

Die abgetretenen Forderungen wird die XY-Bank nur soweit beanspruchen, als es zu ihrer Befriedigung wegen des Darlehens nebst Zinsen notwendig wird. Die Abtretung erlischt, wenn die XY-Bank wegen des Darlehens nebst Zinsen voll befriedigt ist.

Da der Kreditsachbearbeiter der XY-Bank seinem Kunden nicht nur einen Kredit verkaufen konnte, sondern ihn auch als Fachmann in Geld und Kredit beraten wollte, besprach er mit dem Facharzt auch dessen künftige Einnahmen- und Ausgabengestaltung. Nachstehend geben wir das Modell einer Vorausschau über Einnahmen und Ausgaben einer zu gründenden Praxis wieder.

Modell einer Vorausschau über Einnahmen und Ausgaben einer zu gründenden Praxis in TDM

Pos.		1. Jahr 1/2 Jahr 1977	2. Jahr 1978	3. Jahr 1979	4. Jahr 1980	5. Jahr 1981
1	Einnahmen/Umsätze	80	170	200	220	250
2	./. Praxisausgaben (Verbrauchsmaterial, Personal, Büro, Praxismiete, Kfz.) (errechnet nach Unkostenfaktor)	32	70	80	95	108
3	./. Darlehenszinsen	13	26	24	22	20
4	./. Abschreibungen (20 % auf Praxiseinrichtung)	24	48	48	48	48
5	= Überschuß	11	26	48	55	74
6	./. Freibetrag freie Berufe	1	1	1	1	1
7	./. Sonderausgaben (Versich., KiSt., evtl. Kinderfreibeträge)	6	6	6	6	6
8	= steuerpflichtiges Einkommen	4	19	41	48	67
9	Steuern rd.	–	3	9	11	19
	Verwendung					
10	Überschuß + AfA (Pos. 5 + 4)	35	74	96	103	122
11	./. Wohnung und Lebenshaltung	20	36	36	36	42
12	./. Darlehenstilgung	–	14	27	27	27
13	./. persönl. Versicherung	7	12	12	12	12
14	./. Steuer -Nachzahlung	–	–	3	6	2
	-Vorauszahlung (aus Pos. 9)	–	–	3	9	11
15	= finanzieller Überschuß	8	12	15	13	28

Auswertung erfolgt über EDV; Antrag bitte vollständig ausfüllen

(Zutreffendes bitte ankreuzen)

Antrag
auf Gewährung eines von der Lastenausgleichsbank
Im Rahmen der Bürgschaftsaktion für Angehörige
freier Berufe zu verbürgenden Kredite

Gründung durch	☐	Festigung	☐
Neuerrichtung	☐	Übernahme	☐
Pacht	☐	Beteiligung	☐

ZENTRALINSTITUT:

Hausbank: XY-Bank AG
Filiale Wiesbaden
6200 Wiesbaden

VON DER LAB AUSZUFÜLLER		
Kontof. Institut	Progr. Nr.	Akten-Nr.
Eingabe-Datum	04	26

Bitte nicht auf Anlagen verweisen

01	Name des Antragstellers: Dr. med. Max Maier	Erstkredit
	Wohnort: 6200 Wiesbaden, Sonnenberger Str. 1	12
02	Beruf (Fachrichtung): Facharzt für Orthopädie	
07	Alter des Antragstellers: 35 Jahre	
	Niederlassungsanschrift: 6200 Wiesbaden, Taunusstr. 100	
03	Größe in Tsd. Einwohner: 250	
05	Bundesland: Hessen	
06	Kreis/Fördergebiet: Wiesbaden	
80	Beantragter Kredit: 300.000 Beantragte Laufzeit: 12 Jahre, davon 2 Freijahre	

Ein Zinszuschuß wird – xxx – beantragt

1. Angaben zur Person

Geburtsort: Stuttgart Staatsangehörigkeit: deutsch

Familien- u. Güterstand: verh./gesetzl. Kinder (Anzahl und Alter): 3/ 4,6,8

Ein tabellarischer Lebenslauf mit Angaben zur Berufsausbildung ist beigefügt.

2. Angaben über Umsätze bzw. Einnahmen und Einkommen der letzten 3 vollen Jahre

Umsätze bzw. Einnahmen:	19	DM	Nettoeinkommen: 19 73	rd. 20.000 DM
	19	DM	19 74	rd. 25.000 DM
	19	DM	19 75	rd. 35.000 DM

Tätigkeit und Einkünfte des Ehepartners:

Angestellte in einer Anwaltskanzlei
(halbtags) brutto 10.000 DM

3. Angaben über Vermögen und Verbindlichkeiten des Antragsteller und seines Ehepartners:*

Bausparvertrag über 50.000 DM, angespart mit 4.000 DM
Lebensversicherung über 30.000 DM, kein Rückkaufswert,
Wohnungseinrichtung 25.000 DM auf Kredit, wird in monatl.
Raten getilgt.

4. Angaben über wirtschaftlich bedeutsame Verträge, Scheck- und Wechselproteste, Zwangsvollstreckungen, Offenbarungseide, eidesstattliche Erklärungen gemäß § 807 ZPO, Konkurs- und Vergleichsverfahren:*

entfällt

*) Falls vorgesehener Raum nicht ausreicht, bitte weitere Angaben auf Anlage

5. **Angaben zum Vorhaben:**

Kassenzulassung / Betriebserlaubnis / Zulassung zur ist erteilt / beantragt.

Einzelpraxis ☐ Praxisgemeinschaft ☐ Gemeinschaftspraxis ☐ Ärztehaus ☐

Niederlassungsgebiet:

Neue Wohnsiedlung ☐ Stadtrandgebiet ☐ Landgemeinde ☐ Kurort ☐

Entwicklungsaussichten, Konkurrenzverhältnisse, Ertragserwartungen, Einwohner im Einzugsbereich:*

Ich beurteile die Entwicklungsaussichten positiv, weil in der vorgesehenen Gegend bisher kein Facharzt tätig war, obwohl es sich um ein größeres Einzugsgebiet (30 000 Einwohner) handelt. Damit kann den Anforderungen des Berufsverbandes der deutschen orthopädischen Ärzte entsprochen werden, der mit 24 000 Einwohnern pro Orthopäden rechnet. Im ersten Halbjahr erwarte ich einen Umsatz von 80 000 DM, den ich nach zwei Jahren auf 200 000 DM zu steigern hoffe.

Ehepartner wird als mithelfen. Aufnahme der selbständigen Tätigkeit am

Sie wird in eigenen / gemieteten Räumen ausgeübt. Miete monatlich 1.400,- DM

Laufzeit des Mietvertrages bis 1987 mit / ohne Verlängerungsmöglichkeit.

6. **Gesamter Finanzierungsbedarf:**

Kauf-/Übernahmepreis (Fotokopie oder Abschrift des Übernahme-, Sozietäts-, Pachtvertrages ist beigefügt)	....	DM
Einrichtungen	250.000,-	DM
Bau-/Umbaukosten	15.000,-	DM
Mietvorauszahlung/Baukostenzuschuß	5.000,-	DM
Warenlager	7.000,-	DM
Betriebsmittel	45.000,-	DM
....	....	DM
....	322.000,-	DM
	300.000,-	DM

Finanzierung:

Zu verbürgender Kredit

Gestundeter Übernahmepreis

Sonstige Fremdmittel
(Sicherheitenangaben gegebenenfalls auf besonderem Blatt)

Kreditgeber	Zinssatz	Laufzeit		
....	.... %	.... Jahre	....	DM
....	.... %	.... Jahre	....	DM
....	.... %	.... Jahre	....	DM
Eigenmittel			22.000,-	DM
			322.000,-	DM

Sonstige Zinsvergütungen beantragt von / bei .... in Höhe von .... DM

Ich versichere die Richtigkeit und Vollständigkeit der vorstehenden und gegebenenfalls in den Anlagen gemachten Angaben.

Wiesbaden, den 5. Jan. 1977 ....

(Unterschrift des Antragstellers)

*) Falls vorgesehener Raum nicht ausreicht, bitte weitere Angaben auf Anlage

An die

Lastenausgleichsbank Bonn-Bad Godesberg

Wir sind bereit, Herrn Dr. med. Max Maier

einen Kredit in Höhe von

300.000,- DM

mit einem eigenen Risikoanteil von 20 % zu gewähren, sofern wir von dem restlichen Risiko durch Ihre 80 %ige Ausfallbürgschaft freigestellt werden. Wir beantragen hiermit die Übernahme dieser Bürgschaft.

Vorgesehene Kreditbedingungen

Zinssatz: Diskont + 4% Auszahlung: 100 % Bearbeitungsgebühr: -.-

Tilgung: 40 Viertel – Halb – Jahres-Raten von 7.500,- DM

letzte Rate von 7.500,- DM

Erste Rate fällig am 1.7.1979, letzte Rate fällig am 1.4.1989

Verwendungszweck (nur für den oben angegebenen Kreditbetrag)

s. u. .... DM

.... DM

.... DM

.... DM

Sicherheiten* – soweit zur Beurteilung erforderlich, mit Wertangaben –

1. Höchstbetragsbürgschaft über 300.000,- DM der Ehefrau
2. Abtretung der Ansprüche aus Risiko-Lebensversicherung in Höhe von 300.000,- DM
3. Abtretung der Ansprüche gegen die zuständige Kassen-Ärztliche Vereinigung
4. Sicherungsübereignung der Praxiseinrichtung

*) Als Sicherheiten kommen für die verbürgten Kredite in der Regel in Betracht:

a) Sicherungsübereignungen der mit dem Kredit zu finanzierenden Gegenstände
b) Abtretung der Forderungen gegen Krankenkassen, Berufsgenossenschaften, Apotheken-Abrechnungsstellen
c) Abtretung von Ansprüchen aus Lebens- oder Risikoversicherungen
d) selbstschuldnerische Bürgschaft des Ehegatten
e) sofern Grundbesitz vorhanden, Eintragung eines Grundpfandrechtes

Beurteilung (der Person sowie des Vorhabens, insbesondere der Entwicklungsaussichten):

Wir haben von Herrn Dr. Maier und seinem Praxisvorhaben einen guten Eindruck gewonnen. Herrn Dr. Maier wird zustatten kommen, daß er in den letzten Jahren an der Mainzer Universitätsklinik und an den Städtischen Kliniken in Wiesbaden tätig war, so daß er einen beachtlichen Bekanntheitsgrad hat. Im übrigen ist Herr Dr. Maier mit seinen Aktivitäten als Sportmediziner weiten Bevölkerungskreisen ein solcher Begriff, daß seine Praxis sicher bald größere Zuwachsraten erwarten läßt.

Unter Anerkennung der Bürgschafts- und ggf. der Zinszuschußrichtlinien bestätigen wir, daß die darin festgelegten Voraussetzungen vom Antragsteller erfüllt und die uns bekannten Vermögenswerte und Verbindlichkeiten vollständig angegeben sind.

Die Stellungnahme der zuständigen Berufsvertretung zur Person und zum Vorhaben des Antragstellers ist beigefügt/angefordert und wird nachgereicht.

Wiesbaden, den 5. Jan. 77 XY-Bank AG

Aktenzeichen: **(Stempel und Unterschrift der Hausbank)**

Telefon:

Zuständiges Zentralinstitut:

III. Der Blankokredit

Der Süßwarengroßhändler Franz Maier, Frankfurt am Main, der bisher nur auf kreditorischer Basis mit Ihrer Bank gearbeitet hat, kommt im Januar 1978 zu Ihnen und bittet um einen Blankokredit von 20 000 DM.

Nach der Kreditbesprechung reicht er die nachstehende Steuerbilanz ein.

Aktiva		Steuerbilanz zum 31. 12. 1977	Passiva
Waren	46 210	Kapital	61 710
Warenforderungen	36 850	Rückstellungen	6 500
Bank	8 250	Wertberichtigung auf Forderungen	2 000
Kasse	1 300	Warenverbindlichkeiten	22 400
	92 610		92 610

Aufwendungen		Gewinn- und Verlustrechnung für 1977	Erträge
Geschäftskosten	29 960	Rohgewinn	48 420
Reingewinn	18 460		
	48 420		48 420

Erläuterungen zur Bilanz

Warenlager nur gängige Ware.

Forderungen: Faule Schuldner nur in Höhe von 2 000 DM. Hierfür Wertberichtigung geschaffen in gleicher Höhe.

Lagerumschlag: etwa 15mal p. a.

Umschlag der Forderungen: etwa 20mal p. a.

Zum Geschäftsvermögen kommt das Grundstück mit einem Einheitswert von 56 000 DM, das als Privatvermögen nicht bilanziert wurde.

Entnahmen 1977: 17 350 DM; Gewinn 1977: 18 460 DM.

Kreditbesprechung

1. Name: Franz Maier Datum: 18. 01. 1978
   Firma: Franz Maier
2. Geschäftszweig: Süßwarengroßhandlung, Frankfurt a. M.
   Rechtsform: Einzelhandelsunternehmen
   Gründung: 1949
3. Im Handelsregister eingetragen: ja seit: 1951
4. Inhaber bzw. Gesellschafter: Franz Maier
5. Gewünschter Kredit: 20 000 DM
6. Kreditzweck: Wareneinkauf für das Ostergeschäft
7. Laufzeit / Rückzahlung: 1/4 Jahr
8. Abgesprochene Konditionen: normale Konditionen
9. Sicherheiten: keine
10. Bilanzskizze zum: 31. 12. 1977 (aus dem Gedächtnis, Bilanz folgt)

Aktiva			Passiva
Grundstücke	–	Kapital	55 000
Maschinen	–	Rückstellungen	10 000
Einrichtung	–	Warenverbindlichkeiten	20 000
Anlagevermögen	–	Akzepte	–
Waren	40 000	Bankschulden	–
Forderungen	35 000	Sonstige Verbindlichkeiten	–
Geldwerte	10 000		
Sonstiges	–		
Umlaufvermögen	85 000		
	85 000		85 000

11. Umsätze der letzten 3 Jahre: 1975: 610 000 DM, 1976: 705 000 DM, 1977: 720 000 DM
12. Versteuerter Gewinn der letzten 3 Jahre: 1975: 11 640 DM, 1976: 12 750 DM, 1977: 18 460 DM
13. Ist die Ehefrau am Unternehmen beteiligt? nein
    Betrag:
    Güterrecht: Gesetzlicher Güterstand
14. Ist Grundbesitz vorhanden? ja
    a) wo? Frankfurt a. M., Sonnenstraße 3
    b) Eigentümer: Franz Maier
    c) Einheitswert: 56 000 DM
    d) Feuerversicherungswert: 35 000 DM Stammversicherung

e) Belastung: keine
f) Verkehrswert nach Meinung des Kunden: 350 000 DM
g) Mieteinnahmen p. a.: 24 000 DM
h) Verkehrswert nach Meinung der Bank: 300 000 DM
i) Ist der Besitz bilanziert? nein
j) Mit welchem Betrag?

15. Persönlicher Eindruck: gut, solider, ruhiger Geschäftsmann
16. Auskünfte: liegen nicht vor
17. Kunde seit: 1955
18. Erfahrungen mit der bisherigen Kontoführung: Bankumsatz 1977: 420 000 DM, Durchschnittsguthaben 12 000 DM

(Sachbearbeiter)

Die Kreditbesprechung

Jedem Kreditgesuch geht gewöhnlich eine mündliche Besprechung mit dem Antragsteller oder mit einem Gesellschafter bzw. einem Geschäftsführer des antragstellenden Unternehmens voran. Diese Besprechungen zielen immer auf die wichtigsten Punkte hin, die ein Kreditsachbearbeiter wissen muß, um überhaupt zu einem Kreditantrag Stellung nehmen zu können.

Machen Sie bei jeder Besprechung eine Aktennotiz. Wenn Sie in Urlaub gehen oder krank werden, haben Ihre Kollegen Unterlagen, auf denen sie weiterbauen können. Lehnen Sie einen Kredit ab und kommt der Antragsteller nach Jahren wieder zu Ihnen, dann haben Sie wertvolle Hinweise auf die früher geführten Kreditverhandlungen.

Zur **Bilanzskizze** muß erläuternd gesagt werden, daß hier die ungefähren Zahlen eingesetzt sind, die der Kunde aus dem Kopf sagen kann. Bei kleinen und mittleren und selbst manchmal bei größeren Krediten kommen die Kunden ohne Status bzw. Bilanz zur Bank. Sie können aber überschläglich ihre geschäftlichen Verhältnisse schildern. Selbstverständlich wird ein schriftlicher und unterschriebener Status nachverlangt. Die Bilanzskizze allein gibt aber bereits einen Überblick, in welcher Richtung man die Verhandlungen fortsetzen muß, ob man auf Sicherheiten bestehen muß oder ob ein Blankokredit vertretbar ist. Wird eine unterschriebene Bilanz eingereicht, so verweist man in der Rubrik „Bilanzskizze" einfach auf „beiliegende Bilanz".

Was hat der Kreditsachbearbeiter nach der Besprechung zu tun?

Vorbearbeitung

1 Grundbuch einsehen, um zu prüfen, ob das Grundstück wie angegeben unbelastet ist.

2 Handelsregister einsehen, um zu sehen, ob der bereits bei Eröffnung des Kontos vorgelegte Handelsregisterauszug unverändert Gültigkeit hat.

3 Erfahrungen mit der bisherigen Kontoführung in der Buchhaltungsabteilung feststellen.

Ergebnisse

1 Der Grundbesitz ist unbelastet, siehe Grundbucheinsicht.

2 Die Firma ist im Handelsregister nach wie vor eingetragen. Alleininhaber Franz Maier.

3 Im vergangenen Jahr 420 000 DM Haben-Umsatz auf Konto. Durchschnittsguthaben 12 000 DM.

Bilanzbeurteilung

Die unterschriebene Bilanz bestätigt die mündlich gemachten Angaben (siehe beiliegende Bilanz zum 31. 12. 1977).

Beschlußfassung

Die Gesamtverhältnisse sind gut.

(1) Die Bilanz zeigt

Umlaufvermögen	92 610 DM
./. Wertberichtigung	2 000 DM
	90 610 DM
Verbindlichkeiten	28 900 DM
Kapital	61 710 DM

Nicht bilanziert:

Anwesen, Verkehrswert	300 000 DM
Gesamtvermögen	361 710 DM

(2) Da auch das Anwesen unbelastet ist und die bisherigen Erfahrungen gut sind, wird

(3) der Kredit genehmigt.

Nun werden bei jedem Kreditinstitut Kredite ab einem gewissen Betrag von einem Gremium entschieden. Der Sachbearbeiter bereitet die Entscheidung vor. Es wird ein Schriftstück gefertigt, das z. B. bezeichnet sein kann: Kreditentscheid, Kreditprotokoll, Kreditbeschluß.

Je größer das Institut ist, desto mehr Entscheidungen sind täglich zu treffen. Daher grundsätzlich: Jeder Entscheid muß kurz gehalten sein und mit wenigen Worten das Wichtigste bringen.

Was geschieht nach dem Beschluß?

Der genehmigte Kredit wird auf dem Kontoblatt vermerkt. Für jeden genehmigten oder abgelehnten Kredit wird eine Kartei geführt. Die Auskunftei, die Auskünfte über das Unternehmen beigebracht hat, erhält die Mitteilung, daß für Franz Maier, Süßwarengroßhandlung, Frankfurt a. M., ein Kredit genehmigt oder abgelehnt wurde. Sämtliche Vorkommnisse bei dem Kreditnehmer, die für den Kreditsachbearbeiter von Interesse sein können, wie z. B. Wechselproteste, die aufgrund der Protestlisten jedem Kreditinstitut bekannt werden, Scheckretouren, die an die Auskunftei gemeldet werden, Änderungen des Handelsregisters, die veröffentlicht und von der Auskunftei überwacht werden, werden aufgrund der Meldung an die Auskunftei dem Kreditbüro zur Kenntnisnahme vorgelegt.

Außerdem wird nun der auf dem Kreditentscheid vorgemerkte Termin (hier der Termin 30. 04. 1978) notiert und der Kreditablauf überwacht. Nach dem Ablauftermin wird die Kreditvormerkung auf dem Kontoblatt gestrichen. Wurde der Kredit nicht ordnungsgemäß zurückgeführt, wird die Akte dem Kreditsachbearbeiter vorgelegt, der dann mit dem Kunden die Angelegenheit bespricht und gegebenenfalls neue Entscheidungen herbeiführt.

Kreditentscheid

Franz Maier, Süßwarengroßhandlung, Frankfurt a. M., (Konto-Nr. 3751)

Handelsregister:	eingetragen 11/51 Einzelunternehmen Inhaber: Franz Maier		
Antrag:	Kredit 20 000 DM auf 1/4 Jahr (Blankokredit)		
Kreditzweck:	Erhöhter Wareneinkauf für das Ostergeschäft		
Konditionen:	4 3/4 % Zins 1/4 % Kreditprovision pro Monat 1/8 % Umsatzprovision, mindestens aus 3fachem Höchstdebetsaldo je Semester (bis auf weiteres)		
Begründung:	Kunde seit 24 Jahren. Die finanziellen Verhältnisse sind gut. Bilanz per 31. 12. 1977 zeigt:		
	Umlaufvermögen		90 610 DM
	Verbindlichkeiten		28 900 DM
	Kapital		61 710 DM
	Geschäftsumsatz	1975:	610 000 DM
		1976:	705 000 DM
		1977:	720 000 DM
	Versteuerter Reingewinn	1975:	11 640 DM
		1976:	12 750 DM
		1977:	18 460 DM

	Das Anwesen Sonnenstraße 3 in Frankfurt a. M., das im Eigen des Kunden steht, ist unbelastet. Einheitswert 56 000 DM. Feuerversicherungswert 35 000 DM als Stammversicherung. Verkehrswert Bank 300 000 DM. Bisherige Erfahrungen gut. Bankumsatz 1977: 420 000 DM, Durchschnittsguthaben 12 000 DM.
Beschluß:	Der Kredit wird genehmigt, weil alle Voraussetzungen gegeben sind.
	(Unterschrift)

22. 1. 1978
Termin: 30. 04. 1978 Kreditablauf

Zusammenfassung

(1) Der Inhaber eines Einzelunternehmens haftet mit seinem ganzen Vermögen für die Verbindlichkeiten der Firma.

(2) Bei Blankokrediten über 50 000 DM muß die kreditgebende Bank Einsicht in die Vermögensverhältnisse des Kreditnachsuchenden nehmen.

(3) Eine Bilanz ist gut, wenn die liquiden Mittel des Unternehmens höher sind als die kurzfristigen Schulden.

(4) Das Grundbuch hat außer dem Bestandsverzeichnis 3 Abteilungen. Bei einer Grundbucheinsicht werden alle Abteilungen eingesehen und die dort stehenden Einträge herausgeschrieben.

Blankokredite sind Kredite, die dem Kreditnehmer in vollem Umfang oder zum Teil ohne die Stellung von banküblichen Sicherheiten gewährt werden. Im einzelnen kann man unterscheiden:

- Den echten Blankokredit, der dem Kreditnehmer – in der Regel befristet – im Hinblick auf seine Bonität ohne Sicherheiten zur Verfügung gestellt wird.
- Kreditengagements, die nur zum Teil sichergestellt sind; der andere Teil wird aufgrund der Bonität des Kreditnehmers auf Blankobasis gewährt.
- Kreditgewährungen ohne Sicherstellung im Hinblick auf die nicht sicherungsbedürftige Kreditart (z. B. bestimmte Avale, Ankauf bundesbankfähiger Wechsel mit einwandfreier Beurteilung der Bezogenen).
- Überziehungen von banküblich gesicherten Krediten, die auf Blankobasis zugelassen werden.

IV. Kreditausreichung gegen Sicherungsabtretung von Forderungen

Ausgangslage

Die Druckerei Fritz Gutenberg, Hamburg, erhält einen größeren Auftrag in Höhe von 40 000 DM. Zum Papiereinkauf und für Lohnzahlungen braucht sie einen Kredit von 20 000 DM auf etwa acht Wochen. Es handelt sich um eine alte, angesehene Druckerei. Sie hat in den letzten Jahren ihren Betrieb vergrößert und den Maschinenpark erneuert und ergänzt, um die wachsenden Aufträge ausführen zu können und die Arbeit zu rationalisieren. Die finanziellen Verhältnisse sind daher angespannt. Der Inhaber ist aber solid, sparsam und ein anerkannter Fachmann.

Aktiva — *Bilanz zum 31. 12. 1977* — Passiva

Aktiva		Passiva	
Grundstück	80 000	Kapital	83 000
Maschinen	60 000	Darlehen	60 000
Fahrzeuge	12 000	Rückstellungen	4 000
Anlagevermögen	152 000	Wertberichtigung auf Forderungen	4 000
Waren	16 000	Warenverbindlichkeiten	25 000
Forderungen	24 000	Akzepte	14 000
Kasse, Bank, Postscheck	4 000	Sonstige Verbindlichkeiten	4 000
Umlaufvermögen	44 000	Rechnungsabgrenzung	2 000
	196 000		196 000

Umsatz: 240 000 DM.

Gewinn: 38 000 DM nach 26 000 DM Abschreibungen.
Privatentnahmen: 29 000 DM, davon 9 000 DM für Steuern.

Erläuterungen zur Bilanz

Warenlager: Papier, das laufend für den Betrieb benötigt wird; enthält wegen Preissteigerung eine stille Rücklage von 4 000 DM.

Forderungen: Bis auf 4 000 DM alles gute Abnehmer, beste Auskünfte. Zahlung ist innerhalb der vereinbarten Frist zu erwarten.

Langfristige Darlehen: 50 000 DM langfristig zu 6½ % Zinsen von Hypothekenbank. 10 000 DM auf zehn Jahre zu 6 % Zinsen gegen Grundschuld von privatem Kreditinstitut.

Rückstellungen: Für Gewerbesteuerabschlußzahlung und -nachzahlung für frühere Jahre, die aufgrund einer stattgefundenen Betriebsprüfung zu erwarten ist.

Warenverbindlichkeiten: Zum Teil aus Papierlieferungen, der Rest kurzfristige Lieferantenkredite im Zusammenhang mit Maschinenkäufen.

Akzepte: Wurden für die Maschinenlieferungen gegeben. Fälligkeit pro Monat 1 000 DM. Prolongationen sind zugesagt.

Sonstige Verbindlichkeiten: Umsatzsteuer (abzüglich Vorsteuer) für Dezember 1977.

Rechnungsabgrenzung: Im voraus erhaltene Miete für einen vermieteten Lagerraum.

Auf die gesamten Verbindlichkeiten wurden 1977 4 700 DM Zinsen gezahlt.

Bilanzanalyse

Anlagevermögen	152 000			
./. lg. Darlehen	60 000	92 000		
Umlaufvermögen	44 000			
./. Wertberichtigung auf Forderungen	4 000			
	40 000			
./. Kurzfristige Verbindlichkeiten	49 000	./.9 000		
Eigenkapital		83 000	=	43,2 %
Fremdkapital		109 000	=	56,8 %
Gesamtkapital		192 000	=	100,0 %

Kapitalstruktur

Verschuldungskoeffizient = 109 000 : 83 000 = 1,3

Die Kapitalstruktur ist als ungünstig zu bezeichnen. Das Fremdkapital überwiegt das Eigenkapital. Erschwerend kommt noch hinzu, daß 6 % des Anlagevermögens durch kurzfristige Verbindlichkeiten gedeckt sind.

Liquidität

$$\text{Liquidität 1. Grades} = \frac{24\,000 \times 100}{49\,000} = 49\ \%$$

$$\text{Liquidität 2. Grades} = \frac{40\,000 \times 100}{49\,000} = 81{,}6\ \%$$

Auch die Liquidität ist sehr schlecht. Die kurzfristigen Verbindlichkeiten sind durch die flüssigen Mittel nicht gedeckt.

Rentabilität

$$\text{Rentabilität des Eigenkapitals} = \frac{38\,000 \times 100}{83\,000 - 38\,000} = 84\ \%$$

$$\text{Rentabilität des Gesamtkapitals} = \frac{(38\,000 + 4\,700) \times 100}{192\,000 - 38\,000} = 28\ \%$$

Die Rentabilität ist sehr gut.

Sonstige Kennzahlen

$$\text{Umsatzverdienstrate} = \frac{38\,000 \times 100}{240\,000} = 15\ \%$$

$$\text{Umschlagshäufigkeit der Forderungen} = \frac{240\,000}{24\,000} = 10$$

$$\text{Umschlagsgeschwindigkeit der Forderungen} = \frac{360}{10} = 36\ \text{Tage}$$

Die Zahlungsweise der Kunden ist sehr befriedigend.

(Genaugenommen müßten die zweifelhaften Forderungen von 4 000 DM sowohl bei den Forderungen als auch beim Umsatz abgesetzt werden, da sie das Bild, das ja den Durchschnitt wiedergeben soll, verzerren. Es ergäben sich dann eine Umschlagshäufigkeit von 11,8 und eine Umschlagsgeschwindigkeit von 30 Tagen.)

Gesamtbeurteilung

Kapitalstruktur und Liquidität zeigen die für einen derartigen Betrieb übliche Anspannung. Im Zusammenhang mit der sehr guten Rentabilität betrachtet, dürfte es sich jedoch nur um eine augenblickliche, durch den Ausbau des Unternehmens verursachte angespannte Lage handeln. Das Unternehmen ist im ganzen gesehen gesund und wird die Anspannung bald überwunden haben, wenn es kurzfristig Unterstützung durch Kredite bekommt.

Die Privatentnahmen von 30 000 DM für den persönlichen Lebensunterhalt halten sich in einem vernünftigen Rahmen. 9 000 DM Steuerzahlungen lassen annehmen, daß der Kunde mit den Zahlungen für persönliche Steuern auf dem laufenden ist.

Welche Kreditsicherheiten kommen im Frage?

Blankokredit ist bei der angespannten Bilanz nicht ratsam.

Die Eintragung einer *Grundschuld* ist nicht ratsam, da das Grundstück bei einem Beleihungswert von 100 000 DM bereits mit 60 000 DM belastet ist. Für die kurze Dauer der Kreditinanspruchnahme sind außerdem die Kosten für eine derartige Besicherung zu hoch.

Eine *Sicherungsübereignung* der Maschinen kommt nicht in Frage, weil sie der Hypothek als Zubehör haften. Fahrzeuge werden von Banken nur ungern und zu einem geringen Wert als Sicherheit hereingenommen. Die Waren könnten sicherungsübereignet werden. Die Nachteile des Eigentumsvorbehalts der Lieferanten und des laufenden Umschlags des Papierlagers könnten durch einen Raumsicherungsvertrag ausgeschaltet werden. Trotzdem wird die Bank, falls eine andere Möglichkeit der Sicherung besteht, von einer Sicherungsübereignung des Papierlagers absehen.

Als zu Kreditsicherungszwecken geeignet sind die Forderungen anzusehen. Bis auf 4 000 DM sind sie gut. Der Kreditsachbearbeiter wird deshalb die *Sicherungsabtretung der Forderungen* vorschlagen. Die Abtretung wird zunächst den Drittschuldnern nicht angezeigt. Die Bank behält sich aber das Recht vor, sie jederzeit anzuzeigen. An sich wäre eine 10- bis 20 %ige Sicherheitenmarge üblich. Da der Kunde aber nur gute Forderungen in Höhe von 20 000 DM hat, erkennt die Bank die Sicherungsabtretung in dieser Höhe an.

Kreditentscheid

Druckerei Fritz Gutenberg, Hamburg

Handelsregister:	*eingesehen 8/78: Einzelunternehmen, Inhaber Fritz Gutenberg*
Antrag:	*Kontokorrentkredit 20 000 DM auf 8 Wochen*
Kreditzweck:	*Ausführung eines Auftrags der Firma X*
Sicherheit:	*20 000 DM Sicherungszession*
Konditionen:	*normale + 1 ‰ pro Monat für Zessionsdienst*
Begründung:	*Kunde seit 1959, hat Betrieb erweitert und modernisiert.*

Bilanz zum 31. 12. 1977:

92 000 DM	*Anlagevermögen nach Abzug von 60 000 DM Hypotheken*
9 000 DM	*Unterdeckung der liquiden Mittel nach Abzug von 49 000 DM Verbindlichkeiten*
83 000 DM	*Eigenkapital bei 109 000 DM Fremdkapital*

Umsatz 1977:
Gewinn: *240 000 DM*
38 000 DM

Über Auftraggeber liegen beste Auskünfte vor. Kreditnehmer alter, uns bestens bekannter Fachmann. Sehr solid. Bisherige Erfahrungen mit der Kontoführung gut. Die unterhaltenen Guthaben sind allerdings bescheiden, da wegen der Investitionen die flüssigen Mittel knapp sind. Bankumsatz 1977: 156 000 DM.

Beschluß:	*Der Kredit wird genehmigt in der beantragten Form.*
Bedingung:	*14tägige Ergänzung der Zessionslisten, Rechnungskopien für die einzelnen Forderungen.*

28. 08. 1978 (Unterschrift)

Termin: 27. 08. 1978 Zession, Vertrag mit Listen
Termin: 10. 09. 1978 Zessionskontrolle
Termin: 24. 09. 1978 Zessionskontrolle
Termin: 08. 10. 1978 Zessionskontrolle
Termin: 17. 10. 1978 Kreditablauf

Mantelabtretungserklärung

An die
X-Bank

Hamburg

Hamburg, den 22. 08. 1978

Zur Sicherung aller Ansprüche, die Ihre Bank gegen die

Druckerei Fritz Gutenberg, Hamburg,

auch bei Änderung der Rechtsform aus der Kreditgewährung vom 22. 08. 1978 über 20 000 DM jetzt oder künftig zustehen, trete ich hiermit meine in den anliegenden Zessionslisten näher bezeichneten Forderungen in Haupt- und Nebensache an Sie ab. Die Anlagen sind wesentliche Bestandteile dieser Erklärung.

Ich verpflichte mich, die Ihnen abgetretenen Forderungen sofort nach vollständigem oder teilweisem Erlöschen oder auf Ihr Verlangen durch andere Forderungen in mindestens gleicher Höhe zu ersetzen. Die Abtretung der Ersatzforderungen gilt als erfolgt mit der Absendung einer Aufstellung dieser Forderungen von meiner Seite an Sie.

Die Allgemeinen Geschäftsbedingungen der Privatbanken in ihrer jeweiligen Fassung gelten als vereinbart. Im übrigen gelten für die Abtretung die mir ausgehändigten „Bedingungen für die Sicherungsabtretung von Forderungen".

Fritz Gutenberg

Zusammenfassung

(1) Bei Zubehör ist zu prüfen, ob es tatsächlich im Eigentum des Grundstückseigentümers steht. Es haftet in erster Linie für die Hypothekenforderung.

(2) Bei Sicherungszessionen muß die Forderung genau bestimmbar sein. Auf das Recht zur Verständigung der Drittschuldner darf nicht verzichtet werden, da sonst im Ernstfall die Gerichte die Abtretung als Scheinvertrag bezeichnen würden.

(3) Die Zessionen müssen laufend überwacht werden. Bei raschem Umschlag der Forderungen mindestens alle 14 Tage neue Zessionslisten hereinnehmen. Entsprechende Termine sind vorzumerken. Zweckmäßigerweise sind mit den Zessionslisten Rechnungskopien zu verlangen.

(4) Die Bonität der abgetretenen Forderungen muß überwacht werden. Deshalb Bankauskünfte über die Drittschuldner einholen.

Forderungsaufstellung zur Mantelabtretung

An die
X-Bank

Hamburg

Zur Matelabtretungserklärung vom 22. 08. 1978 überreiche ich Ihnen hiermit die Rechnungsdurchschriften der Ihnen abgetretenen Forderungen.

Name und Anschrift des Drittschuldners	*Rechnungs-datum*	*Gegenstand*	*Fälligkeit*	*Betrag*
1. Fritz Benz Hamburg Alsterstr. 66	*13. 08. 1978*	*Warenlieferung*	*10. 09. 1978*	*8 150 DM*
2. Franz Adler Düsseldorf Kaistraße 2	*14. 08. 1978*	*Warenlieferung*	*11. 09. 1978*	*7 260 DM*
3. Weber Verlag GmbH Bremen Seestr. 26	*17. 08. 1978*	*Warenlieferung*	*14. 09. 1978*	*4 590 DM*
				20 000 DM

Fritz Gutenberg

V. Der Investitionskredit

Von
Rudolf Witte

Nachstehend wird ein praktischer Fall eines Investitionskredites dargestellt:

Aufgrund mehrerer Gespräche mit den Geschäftsführern und dem Steuerberater der Firma hat der Kreditberater einen Kreditantrag erstellt, in dem alle wesentlichen Daten erfaßt sind und der die Grundlage für die Kreditentscheidung bildet.

Kreditantrag

Antragsteller:	Firma Hans Meier Offsetdruck GmbH	
Anschrift:	X-Stadt, Rheinstraße 31	
Branche:	Offsetdruckerei	
Rechtsform:	GmbH	
Handelsregister:	B 3165	
Beantragter Kredit:	Darlehen DM 400.000,–	
Konditionen:		
a) Zinssatz:	6,5 % fest auf 5 Jahre	
b) Auszahlung:	100 %	
c) Bearbeitungsgeb.:	3,5 % einmalig	
d) Laufzeit:	8 Jahre	
e) Rückzahlung:	monatlich DM 4.170,– nach voller Inanspruchnahme	
Verwendungszweck:	Teilfinanzierung einer neuen 4-Farbdruck-Offsetmaschine, Kaufpreis ohne Mehrwertsteuer rd. DM 500.000,–	
Bereits bestehende Kredite:	Kredit in laufender Rechnung DM 30.000,–	
Bestehende Sicherheiten:	1. DM 30.000,– selbstschuldnerische Gesamtbürgschaft der geschäftsführenden Gesellschafter Eheleute Hans und Elisabeth Meier	TDM
	– im Hinblick auf bei unterhaltenes Wertpapierdepot mit einem Kurswert von rund DM 50.000,– (festverzinsliche inländische Wertpapiere) und privaten, geringfügig belasteten Grundbesitz voll bewertbar –	30

Neue Sicherheiten:

2. DM 100.000,– Grundschuld auf Einfamilienwohnhaus in X-Stadt, Karlsbergring 3 — TDM
   Grundstücksgröße: 390 qm
   Vorlasten Abteilung II: keine
   Vorlasten Abteilung III: DM 60.000,– nom (DM 49.700,– val per 31.12.1978)
   Brandversicherungswert: MK 20.480,– vom 13.7.1973
   Verkehrswert: DM 250.000,– mindestens gemäß Besichtigung (siehe auch beigefügtes Foto)
   Eigentümer: Eheleute Hans und Elisabeth Meier zu je 1/2

   – voll bewertbar – — 100

3. Sicherungsübereignung einer neu anzuschaffenden 4-Farbdruck-Offsetmaschine, Marke Schweden, Kaufpreis ohne Mehrwertsteuer rd. DM 500.000,–

   – im Hinblick auf relativ schwierige Verwertbarkeit Bewertung mit 60 % – — 300

4. DM 400.000,– selbstschuldnerische Gesamtbürgschaft der geschäftsführenden Gesellschafter Eheleute Hans und Elisabeth Meier — –

Sicherheitsbewertung insgesamt — TDM 430

A. Die Abschlüsse der Unternehmung

I. BILANZ per 31. DEZEMBER 1976

Aktiva:		1976 DM	1975 DM
Anlagevermögen			
Maschinen, masch. Anlagen	15.887,–		28.450,–
Betriebsausstattung	19.894,–		14.782,–
Kraftfahrzeuge	15.807,–		3.357,–
Klimaanlage	5.679,–		6.552,–
Büroeinrichtung	359,–		596,–
Geringw. Wirtschaftsgüter	3.597,–		5.543,–
Geringw. Wirtschaftsgüter Büro	612,–	61.835,–	1.223,–
Beteiligungen		400,–	400,–
Kautionen		700,–	700,–
Umlaufvermögen			
Warenbestand	11.746,79		10.303,40
sonstige Bestände	4.811,11	16.557,90	5.394,31
Forderungen		84.188,70	74.117,10
sonstige Forderungen		3.696,–	10.834.54
Bankbestand		47.180,88	31.965,80
Kassenbestand		312,41	159,16
Aktive Rechnungsabgrenzung		3.117,45	4.953,47
		217.988,34	199.330,78

Passiva:		1976 DM	1975 DM
Stammkapital		20.000,–	20.000,–
Fremdkapital			
Darl. Volksbank Überall		25.766,28	62.106,28
Darl. Gesellschafter		30.000,–	–,–
Verbindlichkeiten		17.225,37	24.739,32
sonstige Verbindlichkeiten		25.676,15	23.775,48
Verbindlichkeiten MWSt. 1975		–,–	2.272,17
Verbindlichkeiten MWSt. 1976		8.696,35	–,–
Wertberichtigung Forderungen		1.500,–	1.500,–
Passive Rechnungsabgrenzung		4.948,11	4.107,76
Rückstellungen		9.883,–	–,–
Gewinnvortrag:			
Stand 1.1.1976	60.829,77		60.829,77
Gewinn 1976	13.463,31	74.293,08	
		217.988,34	199.330,78

II. GEWINN- und VERLUSTRECHNUNG 1976

Aufwand	1976 DM	1975 DM
Zinsen f. langfr. Darlehen	4.072,98	6.232,39
Zinsen f. kurzfr. Darlehen	820,–	1.242,42
Wareneinsatz Papier	54.248,39	56.541,46
Wareneinsatz Farbe	8.950,55	10.757,29
Wareneinsatz Hilfsstoffe	36.200,39	28.797,63
Wareneinsatz Fremdarbeiten	279.782,97	212.021,26
Warenbezugs- u. Nebenkosten	172,06	181,98
gewährte Skonti	12.830,92	12.913,61
Personalkosten	233.958,87	213.192,36
Raumkosten	19.831,14	20.535,23
Gewerbesteuer	7.622,–	4.000,–
Lohnsummensteuer	2.856,84	2.690,94
Körperschaftsteuer	10.970,–	4.120,–
Vermögensteuer	450,–	510,–
Versicherungen, Beiträge	3.029,61	3.420,69
Kfz.-Kosten	8.929,85	9.042,74
Fremdfahrzeuge	65,14	67,41
Werbekosten	7.748,76	9.655,08
Kundenspesen, Bewirtungen	2.285,24	2.517,33
Reisekosten	1.485,12	1.780,42
Verpackungsmaterial	213,25	903,17
Ausgangsfrachten	2.769,30	3.133,71
Verkaufsprovisionen	6.668,60	7.417,89
Instandhaltung Maschinen	1.092,70	4.478,51
Werkzeuge, Kleingeräte	184,23	273,60
Porto	1.446,35	1.386,10
Telefon	4.208,12	4.709,76
Bürobedarf	724,83	1.550,02
Fachzeitschriften, Bücher	123,11	180,98
Rechts- u. Beratungskosten	9.134,41	8.924.10
Nebenkosten d. Geldverkehrs	654,49	358,40
sonstige Kosten	339,29	428,36
Mieten f. Einrichtungen	33.000,–	27.600,–
Spenden	75,–	25,–
Übertrag:	756.944,51	661.589,84

Aufwand	1976 DM	1975 DM
Übertrag:	756.944,51	661.589,84
Abschreibungen	27.169,10	24.148,13
AO Aufwand	1.260,–	397,14
Minderung halbfertiger Arbeiten	1.426,70	–,–
Gewinn 1976	13.463,31	6.205,19
	800.263,62	692.340,30

Ertrag	1976 DM	1975 DM
Verkaufserlöse	789.983,93	673.618,39
sonstige Erlöse	–,–	1.756,76
innerbetrieblicher Umsatz	1.958,–	3.853,26
Zinserträge	164,93	129,–
erhaltene Skonti	7.904,31	6.733,77
erhaltene Boni	252,45	268,92
Zuweisung halbfertiger Arbeiten	–,–	4.291,70
AO Erträge	–,–	1688,50
	800.263, 62	692.340,30

III. BILANZ per 31. DEZEMBER 1977

Aktiva:		1977 DM	1976 DM
Anlagevermögen			
Maschinen u. masch. Anlagen	5.718,–		15.887,–
Betriebsausstattung	16.372,–		19.894,–
Kraftfahrzeuge	23.811,–		15.807,–
Klimaanlage	4.806,–		5.679,–
Büroeinrichtung	122,–		359,–
Geringw. Wirtschaftsgüter	1.647,–		3.597,–
Geringw. Wirtschaftsg. Büro	–,–	52.476,–	612,–
Beteiligungen		400,–	400,–
Kautionen		700,–	700,–
Umlaufvermögen			
Warenbestand	10.736,27		11.746,79
sonstige Bestände	2.725,36	13.461,63	4.811,11
Forderungen		107.862,19	84.188,70
sonstige Forderungen		–,–	3.696,–
Forderungen MWSt. 1976		1.257,65	–,–
Bankbestand		–,–	47.180,88
Festgeldkonto		70.000,–	–,–
Kassenbestand		434,86	312,41
gewährtes Darlehen		2.700,–	–,–
Aktive Rechnungsabgrenzung		394,37	3.117,45
		249.686,70	217.988,34

Passiva:		**1977 DM**	**1976 DM**
Stammkapital		20.000,–	20.000,–
Fremdkapital			
Darl. Volksbank Überall		19.426,28	25.766,28
Darl. Gesellschafter		–,–	30.000,–
Verbindlichkeiten		17.379,75	17.225,37
sonstige Verbindlichkeiten		22.364,35	25.676,15
Verbindlichkeiten MWSt. 1976		–,–	8.696,35
Verbindlichkeiten MWSt. 1977		6.337,09	–,–
Wertberichtigung Forderungen		1.950,–	1.500,–
Bankbestand		20.780,53	–,–
Passive Rechnungsabgrenzung		6.423,93	4.948,11
Rückstellungen		29.926,–	9.883,–
Gewinnvortrag:			
Stand 1.1.1977	74.293,08		74.293,08
Gewinn 1977	30.805,69	105.098,77*	
		249.686,70	217.988,34

* Gewinn 1977 + Gewinnvortrag		105.098,77
./. Bardividende in 1978		30.200,–
= verbleibender Gewinnvortrag		74.898,77
	EK 02	1.367,69
	EK 03	73.504,08
	EK 36	27,–
		74.898,77

IV. GEWINN- und VERLUSTRECHNUNG 1977

Aufwand	1977 DM	1976 DM
Zinsen f. langfr. Darlehen	1.756,48	4.072,98
Zinsen f. kurzfr. Darlehen	2.397,28	820,–
Wareneinsatz Papier	55.671,84	54.248,39
Wareneinsatz Farbe	10.127,55	8.950,55
Wareneinsatz Hilfsstoffe	33.409,56	36.200,39
Wareneinsatz Fremdarbeiten	264.651,36	279.782,97
Warenbezugs- u. Nebenkosten	108,94	172,06
gewährte Skonti	14.830,72	12.830,92
Personalkosten	250.930,18	233.958,87
Raumkosten	23.013,24	19.831,14
Gewerbesteuer	11.569,–	7.622,–
Lohnsummensteuer	3.092,18	2.856,84
Körperschaftsteuer	17.658,–	10.970,–
Vermögensteuer	1.304,–	450,–
Versicherungen, Beiträge	3.374,58	3.029,61
Kfz.-Kosten	13.829,68	8.929,85
Fremdfahrzeuge	18,–	65,14
Werbekosten	5.664,46	7.748,76
Kundenspesen, Bewirtungen	2.878,01	2.285,24
Reisekosten	2.316,42	1.485,12
Verpackungsmaterial	777,98	213,25
Ausgangsfrachten	3.579,92	2.769,30
Verkaufsprovisionen	10.087,45	6.668,60
Fremdarbeiten	34,68	–,–
Instandhaltung Maschinen	3.441,34	1.092,70
Werkzeuge, Kleingeräte	835,05	184,23
Porto	1.596,75	1.446,35
Telefon	4.442,17	4.208,12
Bürobedarf	1.069,06	724,83
Fachzeitschriften, Bücher	147,77	123,11
Rechts- u. Beratungskosten	8.424,10	9.134,41
Nebenkosten d. Geldverkehrs	363,21	654,49
Übertrag:	753.400,96	723.530,22

Aufwand	1977 DM	1976 DM
Übertrag:	753.400,96	723.530,22
sonstige Kosten	366,82	339,29
Mieten f. Einrichtungen	33.000,–	33.000,–
Spenden	35,–	75,–
Abschreibungen	28.307,35	27.169,10
AO Aufwand	–,–	1.260,–
Minderung halbfertiger Arbeiten	2.865,–	1.426,70
Wertberichtigung Forderungen	450,–	–,–
Gewinn	30.805,69	13.463,31
	849,230,82	800.263,62

Ertrag	1977 DM	1976 DM
Verkaufserlöse	836.304,07	789.983,93
innerbetrieblicher Umsatz	2.684,–	1.958,–
Zinserträge	1.253,15	164,93
erhaltene Skonti	7.117,38	7.904,31
erhaltene Boni	394,37	252,45
AO Erträge	119,–	–,–
Investitionszulage	1.358,85	–,–
	849.230,82	800.263,62

B. Aufgliederung der Bilanzen

Passiva	31.12.1975 TDM	31.12.1976 TDM	31.12.1977 TDM
Stammkapital	20	20	20
Gewinnvortrag	61	74	105
Gesellschafterdarlehen	—	30	—
Eigenkapital und eigenkapitalähnliche Posten	81	124	125
langfristige Bankverbindlichkeiten	62	26	19
langfristige Verbindlichkeiten	62	26	19
Warenverbindlichkeiten	25	17	17
kurzfristige Bankverbindlichkeiten			21
sonstige Verbindlichkeiten	26	34	29
Rückstellungen	—	10	30
kurzfristige Verbindlichkeiten	51	61	97
Rechnungsabgrenzungsposten	4	5	7
BILANZSUMME	198	216	248

Aktiva	31.12.1975 TDM	31.12.1976 TDM	31.12.1977 TDM
Maschinen und masch. Anlagen	35	22	11
Betriebs- und Geschäftsausstattung	22	24	18
Fuhrpark	3	16	24
Finanzanlage	1	1	1
Anlagevermögen	61	63	54
Roh-, Hilfs- und Betriebsstoffe	5	5	3
Warenbestand	10	12	11
Forderungen	85	86	110
Kasse, Postscheck, Bank	32	47	70
Umlaufvermögen	132	150	194
Rechnungsabgrenzungsposten	5	3	–
BILANZSUMME	198	216	248

C. Aufgliederung der Gewinn- und Verlustrechnung

	31.12.1975 TDM	31.12.1976 TDM	31.12.1977 TDM
Nettoumsatz	679	792	839
+ . /. Bestandsveränderungen	4	1	3
Gesamtleistung	683	791	836
. /. Material- und Wareneinsatz	308	379	364
Rohüberschuß	375	412	472
+ sonstige Erträge	7	8	9
Gesamtüberschuß	382	420	481
. /. Löhne, Gehälter, Sozialaufwand	213	234	251
. /. ordentliche Abschreibungen auf Sachanlagen	24	27	28
. /. Zinsen für Fremdkapital	7	5	4
. /. sonstige Aufwendungen	130	129	150
Betriebsergebnis	8	25	48
+ a. o. Erträge	2		2
. /. Wertberichtigungen auf Forderungen			1
. /. sonstige a. o. Aufwendungen		1	
. /. Körperschaftsteuer	4	11	18
Jahresgewinn	6	13	31

D. Einige Kennzahlen aus der Bilanzanalyse

I. Vermögens- und Kapitalaufbau

a) Anteil des Eigenkapitals am Gesamtkapital

$$\left(\frac{\text{Eigenkapital}}{\text{Gesamtkapital}}\right)$$

$$1975: \frac{81}{198} = \underline{\underline{0{,}41}} \qquad 1976: \frac{124}{216} = \underline{\underline{0{,}57}} \qquad 1977: \frac{125}{248} = \underline{\underline{0{,}50}}$$

Die Eigenkapitalquote am Gesamtkapital kann mit durchschnittlich 50 % während der vergangenen 3 Jahre als überdurchschnittlich gut bezeichnet werden.

Die Eigenkapitalentwicklung hält mit der Bilanzsummenentwicklung ohne weiteres Schritt.

b) Anlagendeckung durch Eigenkapital

$$\left(\frac{\text{Eigenkapital}}{\text{Anlagevermögen}}\right)$$

$$1975: \frac{81}{61} = \underline{\underline{1{,}33\text{fach}}} \qquad 1976: \frac{124}{63} = \underline{\underline{1{,}97\text{fach}}} \qquad 1977: \frac{125}{54} = \underline{\underline{2{,}31\text{fach}}}$$

Ein gesundes Verhältnis zeigt die Untersuchung der Anlagendeckung. Das Anlagevermögen und ein Teil des Umlaufvermögens sind mit Eigenkapital finanziert, wobei sich die Finanzierungsverhältnisse im Laufe des Untersuchungszeitraumes noch wesentlich verbessert haben. Zum 31.12.1977 ist das Anlagevermögen um mehr als das 2,3fache durch Eigenkapital gedeckt.

c) Anlagedeckung durch Eigenkapital und langfristiges Fremdkapital

$$\left(\frac{\text{Eigenkap. + langfr. Fremdkapital}}{\text{Anlagevermögen}}\right)$$

$$1975: \frac{81 + 62}{61} = \underline{\underline{2{,}34\text{fach}}} \qquad 1976: \frac{124 + 26}{63} = \underline{\underline{2{,}38\text{fach}}} \qquad 1977: \frac{125 + 19}{54} = \underline{\underline{2{,}67\text{fach}}}$$

Nimmt man bei der Ermittlung der Anlagendeckung noch das langfristige Fremdkapital hinzu, so ist das Anlagevermögen und ein großer Teil des Umlaufvermögens langfristig finanziert. Die Finanzierungsverhältnisse müssen daher ebenfalls als überdurchschnittlich gut bezeichnet werden.

II. Rentabilität

a) Rentabilität des Eigenkapitals

$$\left(\frac{\text{Reingewinn} \times 100}{\text{Eigenkapital}}\right)$$

1975: $\frac{6 \times 100}{81} = 7{,}41\,\%$ 1976: $\frac{13 \times 100}{94} = 13{,}83\,\%$ 1977: $\frac{31 \times 100}{125} = 24{,}8\,\%$

Die Rentabilität des Eigenkapitals konnte trotz der absoluten Ausweitung des Eigenkapitals von nicht befriedigenden 7,41 % im Jahre 1975 kontinuierlich auf fast 25 % im Jahre 1977 gesteigert werden. Dabei ist zu berücksichtigen, daß der Unternehmerlohn in Form der Geschäftsführergehälter als Betriebsausgaben im Personalaufwand enthalten ist.

b) Rentabilität des Gesamtkapitals

$$\left(\frac{(\text{Reingewinn} + \text{Zinsaufwand}) \times 100}{\text{Gesamtkapital}}\right)$$

1975: $\frac{(6 + 7) \times 100}{198} = 6{,}57\,\%$ 1976: $\frac{(13 + 5) \times 100}{216} = 8{,}33\,\%$

1977: $\frac{(31 + 4) \times 100}{248} = 14{,}1\,\%$

Die Gesamtkapitalrendite hat sich im Berichtszeitraum von 6,57 % auf über 14 % mehr als verdoppelt und ist damit als sehr gut zu bezeichnen.

c) Ermittlung des Cash-flow

	1975 TDM	1976 TDM	1977 TDM
1. Gesamt- oder Brutto-cash flow			
Bilanzgewinn	6	13	31
+ Abschreibungen auf Sachanlagen	24	27	28
+ Wertberichtigungen auf Forderungen			1
+ Steuern vom Einkommen, Ertrag und Vermögen	9	19	31
= Gesamt- oder Brutto-cash flow	39	59	91
2. Netto-cash flow			
./. Steuern	9	19	31
./. Dividenden	—	—	31
= Netto-cash flow (im Unternehmen verbleibender cash flow)	30	40	29

Der Gesamt- oder Brutto-cash flow hat sich überproportional zur Geschäftsausweitung während der letzten 3 Jahre entwickelt. Bedingt durch die entsprechenden Steuerzahlungen und insbesondere die Dividendenausschüttung im Jahre 1977 blieb die Entwicklung des Netto-cash flow oder des im Unternehmen verbleibenden cash flow dagegen etwas zurück. Immerhin sind dem Unternehmen im Laufe des Berichtszeitraumes Mittel in Höhe von fast TDM 100 aus Umsätzen zugeflossen, die der Selbstfinanzierung dienten.

Stellungnahme

Die Geschäftsverbindung mit uns besteht seit der Firmengründung vor 10 Jahren und verlief bisher reibungslos.

Im Jahre 1973 wurde die Einzelfirma in eine GmbH mit einem Stammkapital von DM 20.000 umgewandelt. Geschäftsführende Gesellschafter sind die Eheleute Hans und Elisabeth Meier, die uns als seriöse Kaufleute bekannt sind.

Es handelt sich um eine von drei mittelgroßen Firmen in der Bundesrepublik, die 4farbig Offset in kleinen bis mittleren Auflagen drucken. Hauptauftraggeber sind Werbeagenturen und Großunternehmen, die über eigene Werbeabteilungen verfügen.

Wie aus der beigefügten Bilanzanalyse ersichtlich ist, sind die Vermögens- und Finanzierungsverhältnisse bei sich ständig verbessernder Ertragslage geordnet. Der Anteil des Eigenkapitals am Gesamtkapital beträgt ca. die Hälfte. Das Anlagevermögen ist durch Eigenkapital 2,3fach und durch Eigenkapital und langfristiges Fremdkapital sogar 2,7fach gedeckt. Die Rentabilität des Eigenkapitals hat sich in den letzten drei Jahren jeweils fast verdoppelt und lag 1977 bei knapp 25 %. Auch die Rentabilität des Fremdkapitals hat sich kontinuierlich bis auf 14 % im Jahre 1977 erhöht. Dabei ist noch zu berücksichtigen, daß in den Personalkosten die Geschäftsführergehälter der Eheleute Meier in Höhe von rd. TDM 100 jährlich enthalten sind. Die Eheleute Meier haben weiterhin in ihrem Privateigentum stehende Maschinen an die GmbH vermietet. Diese Mieten von TDM 33 p. a. sind in der Position Sonstige Aufwendungen enthalten, so daß das tatsächliche Betriebsergebnis noch höher liegt.

In letzter Zeit mußten des öfteren Aufträge abgelehnt werden, da die Kapazität der eigenen und inzwischen nahezu abgeschriebenen Maschinen nicht ausreicht. Die Firma hat sich daher entschlossen, eine neue 4-Farbdruck-Offsetmaschine zum Preis von rd. DM 500.000,– zu erwerben.

Da diese Maschine in einem Arbeitsgang gleichzeitig vier Farben druckt, erhöht sich die Kapazität auf das Doppelte. Im Wege der Eigenfinanzierung werden TDM 100 sowie die durch die erwartete Umsatzsteigerung erforderlichen Betriebsmittel (Erhöhung des Warenbestandes um ca. TDM 15 und Erhöhung der Forderungen um ca. TDM 100) finanziert.

Der Antrag wird befürwortet.

. . . .
Ort, Datum

. . . .
Unterschrift Kreditberater

Genehmigt wie beantragt:

. . . .
Ort, Datum

. . . .
Unterschrift Kompetenzträger

Sicherungsübereignung
Sicherungsübereignungsvertrag über bestimmte Gegenstände, die Eigentum des Sicherungsgebers sind

§ 1

Zur Sicherung aller gegenwärtigen und zukünftigen — auch bedingten und befristeten — Ansprüche aus der bankmäßigen Geschäftsverbindung (z. B. aus laufender Rechnung, Darlehen, Wechseln oder Bürgschaften) und der Ansprüche aus von Dritten erworbenen Wechseln und Forderungen

der

VOLKSBANK ÜBERALL EG
Bank

oder eines die Geschäftsverbindung fortsetzenden Rechtsnachfolgers

gegen

Fa. Hans Meier Offsetdruck GmbH, Rheinstr. 31, X-Stadt
Schuldner

dessen / deren Firma, deren Inhaber (und zwar auch dann, wenn sich die Rechtsform der Firma ändert), deren Rechtsnachfolger übereignet der / die

Fa. Hans Meier Offsetdruck GmbH, Rheinstr. 31, X-Stadt
Sicherungsgeber

die nachstehend aufgeführten*)
~~die aus der Anlage zu diesem Vertrag ersichtlichen*)~~

Gegenstände an die Bank**):

4-Farbdruck Offsetmaschine
Marke Schweden Nr. 4711

Diese Gegenstände befinden sich X- Stadt, Rheinstraße 31

*) Nichtzutreffendes bitte streichen.
**) Genaue Bezeichnung der Gegenstände, möglichst mit Angabe von Nummern oder sonstigen unverwechselbaren Kennzeichen.

§ 2

Der Sicherungsgeber versichert, daß er zur freien Verfügung über die Gegenstände berechtigt ist, und insbesondere, daß sie nicht dem Eigentumsvorbehalt eines Dritten unterliegen. Dem Sicherungsgeber ist bekannt, daß er zur Abgabe dieser Erklärung nicht berechtigt ist, wenn es sich um von dritter Seite gelieferte Gegenstände handelt und der Lieferant ausdrücklich oder in seinen Allgemeinen Verkaufs-, Lieferungs- oder sonstigen Geschäftsbedingungen den Übergang des Eigentums an den Gegenständen von deren voller Bezahlung oder dem Ausgleich einer laufenden Rechnung*) oder einer sonstigen Bedingung abhängig gemacht hat, und diese Bedingung noch nicht eingetreten ist.

§ 3

Die Vertragschließenden sind darüber einig, daß das Eigentum an diesen Gegenständen einschließlich des Zubehörs und sonstiger Bestandteile mit dem Tage des Vertragsschlusses auf die Bank übergeht.
Sollten diese Gegenstände dennoch

bis zur restlosen Bezahlung des Kaufpreises und gegebenenfalls vereinbarter Zinsen, Kosten und Nebenspesen

oder

bis zur Erfüllung aller Verpflichtungen aus der Geschäftsverbindung zwischen Sicherungsgeber und seinem Lieferanten

unter dem Eigentumsvorbehalt ihrer Lieferanten oder Dritter, die diese Rechte vom Lieferanten erworben haben (Vorbehaltseigentümer), stehen, und ist diese Bedingung noch nicht eingetreten, so wird hiermit das Anwartschaftsrecht auf Eigentumserwerb nach Erfüllung der genannten Bedingung (aufschiebend bedingtes Eigentum) an die Bank übertragen.

Sind die Gegenstände vom Sicherungsgeber an Dritte zur Sicherung übereignet, so hat der Sicherungsgeber gegen die Dritten (Sicherungseigentümer) einen Anspruch auf Rückübertragung des Eigentums, wenn er seine Verpflichtungen aus dem Sicherungsübereignungsvertrag gegenüber dem Sicherungseigentümer erfüllt hat. In diesem Falle werden hiermit die Ansprüche auf Rückübertragung des Eigentums an die Bank übertragen.

Das Eigentum an den Gegenständen geht bei Eintritt der Bedingung unmittelbar vom Vorbehaltseigentümer auf die Bank über oder wird vom Sicherungseigentümer auf die Bank übertragen.

Der Sicherungsgeber tritt hiermit seine übrigen Ansprüche gegen den Vorbehaltseigentümer oder Sicherungseigentümer, insbesondere etwaige Gewährleistungsansprüche, Schadensersatzansprüche oder Bereicherungsansprüche oder Ansprüche aus Mehrerlös bei Verwertung des Sicherungsgutes im voraus an die Bank ab.

§ 4

Die Übergabe der Gegenstände wird durch folgende Vereinbarungen ersetzt:

a) Die Bank überläßt dem Sicherungsgeber die als Sicherheit dienenden Gegenstände zur unentgeltlichen Verwahrung in seinem unmittelbaren Besitz und gestattet ihm, vorbehaltlich jederzeitigen Widerrufs, ihre Weiterbenutzung. Der Sicherungsgeber verpflichtet sich, die Gegenstände sachgemäß zu lagern, pfleglich zu behandeln und instand zu setzen.

b) Befinden sich die Gegenstände im Besitz Dritter, so tritt der Sicherungsgeber hiermit die Herausgabeansprüche gegen die Dritten an die Bank ab.

§ 5

Werden Zubehörstücke ausgewechselt oder neu eingefügt, so einigen sich, soweit dies zum Eigentumsübergang auf die Bank erforderlich ist, der Sicherungsgeber und die Bank schon jetzt, daß das Eigentum an den neu eingefügten Gegenständen im Zeitpunkt der Einfügung unmittelbar auf die Bank übergeht, wobei die Übergabe durch die Vereinbarung gemäß § 4 dieses Vertrages ersetzt wird. Sobald die neuen Teile eingefügt sind, wird die Bank das Eigentum an den ersetzten Teilen auf den Sicherungsgeber zurückübertragen.

*) Dabei gilt die Hingabe eines Wechsels oder Schecks nicht als endgültige Zahlung, solange die Papiere nicht eingelöst sind.

§ 6

Der Sicherungsgeber verpflichtet sich,

a) auf Verlangen der Bank die als Sicherheit dienenden Gegenstände von anderen Gegenständen getrennt zu halten;

b) die als Sicherheit dienenden Gegenstände ohne Zustimmung der Bank nicht aus den in § 1 bezeichneten Räumen zu entfernen*);

c) auf Verlangen der Bank die Gegenstände in einer der Bank zweckmäßig erscheinenden Weise zu kennzeichnen;

d) der Bank oder ihrem Beauftragten jederzeit Zutritt zu den Gegenständen zu gewähren und ihr jede über die Gegenstände erforderliche Auskunft zu erteilen und die betreffenden Schriftstücke zur Einsicht vorzulegen;

e) die Sicherungsübereignung jedem Dritten bekanntzugeben, der diese Bekanntgabe wegen seines rechtlichen oder wirtschaftlichen Interesses nach den Grundsätzen von Treu und Glauben erwarten darf.

§ 7

Der Sicherungsgeber ist nicht berechtigt, die übereigneten Gegenstände ohne vorherige Zustimmung der Bank Dritten zu überlassen. Er tritt hiermit im voraus alle Ansprüche aus einer Gebrauchsüberlassung an die Bank ab.

§ 8

Der Sicherungsgeber verpflichtet sich, die der Bank übereigneten Gegenstände für die Dauer der Übereignung in voller Höhe gegen diejenigen Gefahren, für die der Bank ein Versicherungsschutz erforderlich erscheint, zu versichern und dies der Bank auf Verlangen jederzeit, insbesondere durch Vorlegen der Versicherungsscheine, nachzuweisen. Auf Wunsch der Bank wird der Sicherungsgeber die Versicherung zugunsten desjenigen, den es angeht, oder auf den Namen der Bank nehmen. Der Sicherungsgeber wird die Versicherungsgesellschaft ersuchen, der Bank einen Sicherungsschein zu übersenden**).

Wenn der Sicherungsgeber die Versicherung nicht oder nicht ausreichend bewirkt, darf die Bank dies auf seine Gefahr und Kosten tun.

§ 9

Bei Vorliegen eines wichtigen Grundes, insbesondere wenn Sicherungsgeber oder Schuldner ihren Verpflichtungen der Bank gegenüber nicht nachkommen, ist die Bank befugt, die Gegenstände in ihren unmittelbaren Besitz zu nehmen oder sie auf Kosten des Sicherungsgebers an anderer Stelle einzulagern; die Bank haftet hierbei nur für Sorgfalt bei Auswahl des Verwahrers.

Die Bank ist außerdem befugt, die Gegenstände ohne Einhaltung einer Frist nach ihrer Wahl freihändig oder im Wege der Versteigerung für Rechnung und auf Kosten des Sicherungsgebers zu verwerten und sich aus dem Erlös wegen ihrer Forderungen zu befriedigen. Der Sicherungsgeber ist hierbei verpflichtet, die Maßnahmen zu ergreifen oder zu dulden, welche die Bank bei der Durchsetzung dieser Befugnis für erforderlich hält. Einen etwa verbleibenden Überschuß hat die Bank dem Sicherungsgeber unverzüglich auszuzahlen, soweit er nicht Dritten zusteht. Für den Fall, daß die Bank den Verwahrungsvertrag kündigt, ist der Sicherungsgeber trotzdem verpflichtet, die für die Verwahrung der Gegenstände bis dahin benutzten Räume und Einrichtungen sowie etwa notwendiges Arbeitspersonal bis auf weiteres, mindestens bis zur Verwertung der Gegenstände oder bis zur Befriedigung der Bank wegen aller Ansprüche, zur Verfügung zu stellen.

Die Bank ist nicht verpflichtet, sich wegen ihrer Forderungen ausschließlich oder auch nur zunächst an die Gegenstände zu halten; vielmehr bleibt es ihr überlassen, sich anderweitig zu befriedigen.

§ 10

Sollten die Rechte der Bank an den ihr als Sicherheit dienenden Gegenständen durch Maßnahmen Dritter oder durch besondere Ereignisse, vor allem durch Pfändungen oder durch Eröffnung von Konkurs- oder Vergleichsverfahren, beeinträchtigt werden, so wird der Sicherungsgeber der Bank dies unverzüglich, erforderlichenfalls telegrafisch, mitteilen. Dem Pfändungsgläubiger wird der Sicherungsgeber mitteilen, daß die Gegenstände auf die Bank übertragen sind.

*) Falls nicht zutreffend, bitte streichen.

**)

§ 11

Soweit die Bank die Gegenstände zur Sicherung ihrer Ansprüche nach ihrem Ermessen nicht benötigt, ist sie bereit, das Eigentum auf den Sicherungsgeber zu übertragen. Zahlt ein Bürge oder sonst ein Dritter an die Bank, so ist die Bank unter denselben Voraussetzungen berechtigt, die Sicherungsrechte auf diese Person zu übertragen. Diese Übertragung sowie die Rückübertragung auf den Sicherungsgeber bedürfen der Schriftform.

§ 12

Ist der Sicherungsgeber nicht zugleich Schuldner der persönlichen Forderungen der Bank, so gelten seine Zahlungen bis zur vollständigen Befriedigung der Bank als Sicherheitsleistung.

§ 13

Sämtliche der Bank auf Grund dieses Vertrages und seiner Durchführung erwachsenden Kosten und Auslagen tragen Schuldner und Sicherungsgeber als Gesamtschuldner.

§ 14

Jede Änderung dieses Vertrages bedarf der Schriftform. Sollten einzelne Vereinbarungen dieses Vertrages nicht wirksam sein oder nicht durchgeführt werden, so bleiben die übrigen Vereinbarungen wirksam.

§ 15

Für Rechtsstreitigkeiten, insbesondere auch wenn Ansprüche im Mahnverfahren (§§ 688 f. ZPO) geltend gemacht werden, ist das Gericht des Erfüllungsortes oder des Sitzes der Hauptniederlassung der Bank zuständig. Das gleiche gilt, wenn der Vertragspartner nach Vertragsschluß seinen Wohnsitz oder gewöhnlichen Aufenthaltsort aus dem Geltungsbereich der ZPO verlegt oder sein Wohnsitz oder gewöhnlicher Aufenthalt im Zeitpunkt der Klageerhebung nicht bekannt ist.

§ 16

Ergänzend gelten die Allgemeinen Geschäftsbedingungen der Bank in der jeweils gültigen Fassung.

....

Ort und Datum

Hans Meier Offsetdruck GmbH

Sicherungsgeber

Hans Meier Offsetdruck GmbH

Schuldner

....

Bank

Die Vollziehung der vorstehenden Unterschrift(en) des/der ....

.... bescheinigt

....

Angestellter der Bank

Bürgschaft

Nr. ....

1. Zur Sicherung aller bestehenden und künftigen — auch bedingten oder befristeten — Ansprüche aus der Geschäftsverbindung (insbesondere aus Krediten irgendwelcher Art, Bürgschaften, Gewährleistungen, Wechseln, Schecks, Sicherungsverträgen, Lieferungen oder Leistungen) und der Ansprüche aus von Dritten erworbenen Forderungen, Wechseln und Schecks
der VOLKSBANK ÜBERALL EG
Bank

oder eines die Geschäftsverbindung fortsetzenden Rechtsnachfolgers der Bank

gegen Firma Hans Mier Offsetdruck GmbH
Hauptschuldner

oder dessen Rechtsnachfolger und — bei einer Firma — gegen deren Gesamtrechtsnachfolger sowie gegen deren Inhaber, soweit diese(r) für die Verbindlichkeiten der Firma persönlich haftet/haften,
übernehme(n) ich/wir

Eheleute Hans und Elisabeth Meier

Karlsbergring 3 , 9999 X-Stadt
Bürge, Anschrift

die selbstschuldnerische Bürgschaft bis zum Betrag von

DM 400.000,--

in Worten: Deutsche Mark Vierhunderttausend---

2. Die Bürgschaft umfaßt Zinsen, Provisionen und Kosten, die aus den verbürgten Ansprüchen oder durch deren Geltendmachung entstehen, und zwar auch dann, wenn dadurch der oben genannte Betrag überschritten wird. Dies gilt auch dann, wenn Zinsen, Provisionen und Kosten durch Saldenfeststellungen im Kontokorrent Teil der Hauptschuld werden und dadurch der oben genannte Betrag überschritten wird.

3. Die Bürgschaft ist zeitlich nicht begrenzt.

4. Der Bürge ist verpflichtet, auf Verlangen der Bank Sicherheit zu leisten, auch wenn die Ansprüche gegen den Hauptschuldner noch nicht fällig sind. Die Bank hat das Wahlrecht unter den in § 232 BGB*) genannten Sicherheiten.

5. Bis zur endgültigen Befriedigung der Bank dienen alle bis dahin geleisteten Zahlungen des Bürgen als Sicherheitsleistung. Die Rechte der Bank aus dieser Bürgschaft gehen erst auf den Bürgen über, wenn die Bank wegen ihrer sämtlichen Ansprüche gegen den Hauptschuldner vollständig befriedigt ist; sie wird diese Rechte jedoch freigeben oder auf den Bürgen übertragen, soweit sie diese nicht nur vorübergehend nicht mehr benötigt.

6. Die Bank ist befugt, den Erlös von Sicherheiten sowie Zahlungen des Hauptschuldners oder anderer Verpflichteter zunächst auf den Betrag ihrer Ansprüche zu verrechnen, der die Bürgschaftssumme übersteigt.

7. Mehrere Bürgen, die diese Urkunde unterzeichnen, haften als Gesamtschuldner **(Mitbürgschaft).**

8. Bestehen für die Ansprüche der Bank gegen den Hauptschuldner außerhalb dieser Urkunde gegenwärtig oder zukünftig noch andere Bürgschaften, so haftet jeder Bürge unabhängig von den anderen Bürgschaften — **insoweit abweichend von § 769 BGB*)** — aus dieser Urkunde für den vollen Betrag seiner Bürgschaft **(Nebenbürgschaft).** Die Bürgschaft aus dieser Urkunde tritt neben etwa von dem Bürgen abgegebene sonstige Bürgschaftserklärungen.

9. Der Bürge verzichtet auf die Geltendmachung der ihm nach dem Gesetz zustehenden Einreden, insbesondere auf die Einreden nach §§ 770 und 771 BGB*) sowie auf die Rechte aus § 776 BGB*); die dem Hauptschuldner zustehenden Einreden (§ 768 BGB*)) kann der Bürge nur insoweit geltend machen, als sie unbestritten oder rechtskräftig festgestellt sind. Die Bank ist berechtigt, dem Hauptschuldner weitere Kredite zu gewähren, mit ihm Stundung zu vereinbaren, einen gerichtlichen oder außergerichtlichen Vergleich über die verbürgte Forderung gegen den Hauptschuldner abzuschließen, ohne die Zustimmung des Bürgen hierzu einzuholen. Die Ansprüche der Bank gegen den Bürgen werden hierdurch nicht berührt.

10. Jede Änderung oder Ergänzung dieses Bürgschaftsvertrags oder eine Vereinbarung über dessen Aufhebung bedarf, um Gültigkeit zu erlangen, der Schriftform. Auf dieses Erfordernis kann nur durch schriftliche Erklärung verzichtet werden.

---

*) Gesetzestext siehe Rückseite.

Bank

11. Sollten einzelne Bestimmungen dieses Bürgschaftsvertrags nicht Vertragsbestandteil geworden oder unwirksam sein bzw. nicht durchgeführt werden, so bleibt der Vertrag im übrigen wirksam. Soweit Bestimmungen nicht Vertragsbestandteil geworden oder unwirksam sind, richtet sich der Inhalt des Vertrags nach den gesetzlichen Bestimmungen.

12. Ergänzend gelten die **Allgemeinen Geschäftsbedingungen** der Bank, deren Wortlaut in den Geschäftsräumen der Bank eingesehen werden kann. Der Bürge kann die Aushändigung dieser Allgemeinen Geschäftsbedingungen verlangen.

....
Ort, Datum

....

....
Bürge

....
Ort, Datum

....
Bank

Der Bürge/Die Bürge(n) hat/haben vor mir vorstehenden Bürgschaftsvertrag unterschrieben. Er/Sie

☐ ist/sind mir persönlich bekannt;

☐ hat/haben sich ausgewiesen durch ....
(z. B. Art der Urkunde, ausstellende Behörde, Nr. der Legitimationsurkunde usw.)

....
Ort, Datum

....
Mitarbeiter der Bank

Gesetzestexte:

§ 232 BGB Wer Sicherheit zu leisten hat, kann dies bewirken durch Hinterlegung von Geld oder Wertpapieren, durch Verpfändung von Forderungen, die in das Reichsschuldbuch oder in das Staatsschuldbuch eines Bundesstaates eingetragen sind, durch Verpfändung beweglicher Sachen, durch Bestellung von Schiffshypotheken an Schiffen oder Schiffsbauwerken, die in einem deutschen Schiffsregister oder Schiffsbauregister eingetragen sind, durch Bestellung von Hypotheken an inländischen Grundstücken, durch Verpfändung von Forderungen, für die eine Hypothek an einem inländischen Grundstück besteht, oder durch Verpfändung von Grundschulden oder Rentenschulden an inländischen Grundstücken. Kann die Sicherheit nicht in dieser Weise geleistet werden, so ist die Stellung eines tauglichen Bürgen zulässig.

§ 768 BGB Der Bürge kann die dem Hauptschuldner zustehenden Einreden geltend machen. Stirbt der Hauptschuldner, so kann sich der Bürge nicht darauf berufen, daß der Erbe für die Verbindlichkeit nur beschränkt haftet. Der Bürge verliert eine Einrede nicht dadurch, daß der Hauptschuldner auf sie verzichtet.

§ 769 BGB Verbürgen sich mehrere für dieselbe Verbindlichkeit, so haften sie als Gesamtschuldner, auch wenn sie die Bürgschaft nicht gemeinschaftlich übernehmen.

§ 770 BGB Der Bürge kann die Befriedigung des Gläubigers verweigern, solange dem Hauptschuldner das Recht zusteht, das seiner Verbindlichkeit zugrunde liegende Rechtsgeschäft anzufechten.
Die gleiche Befugnis hat der Bürge, solange sich der Gläubiger durch Aufrechnung gegen eine fällige Forderung des Hauptschuldners befriedigen kann.

§ 771 BGB Der Bürge kann die Befriedigung des Gläubigers verweigern, solange nicht der Gläubiger eine Zwangsvollstreckung gegen den Hauptschuldner ohne Erfolg versucht hat (Einrede der Vorausklage).

§ 776 BGB Gibt der Gläubiger ein mit der Forderung verbundenes Vorzugsrecht, eine für sie bestehende Hypothek oder Schiffshypothek, ein für sie bestehendes Pfandrecht oder das Recht gegen einen Mitbürgen auf, so wird der Bürge insoweit frei, als er aus dem aufgegebenen Rechte nach § 774 hätte Ersatz erlangen können. Dies gilt auch dann, wenn das aufgegebene Recht erst nach der Übernahme der Bürgschaft entstanden ist.

VOLKSBANK ÜBERALL EG

Geschäftsleitung
Hans Meier Off-
setdruck GmbH
Rheinstrasse 31

9999 X-Stadt

Ihre Nachricht/ Ihr Zeichen | Abteilung Kredit/we/ba | Telefon 367435 | X-Stadt, 27.4.1979

Darlehenszusage

Sehr geehrte Frau Meier,
sehr geehrter Herr Meier,

wir nehmen Bezug auf Ihren Kreditantrag und sagen Ihnen ein Darlehen zu in Höhe von

DM 400.000,-- i.W. Deutsche Mark: vierhunderttausend---------

Für das Kreditverhältnis gelten unsere Allgemeinen Geschäftsbedingungen (AGB) und die folgenden besonderen Bedingungen:

Verwendungszweck: Teilfinanzierung einer neuen 4-Farbdruck-Offsetmaschine Marke Schweden

Zinssatz: 6,5 % fest bis zum 27.4.1984 Auszahlung: 100 %

Bearb.-Geb.: 3,5 % einmalig Verw.-Geb.: --.

Laufzeit: rd. 8 Jahre

Rückzahlung: monatlich DM 4.170,-- nach voller Inanspruchnahme

Außerplanmäßige Rückzahlungen sind erst mit Ablauf der Zinsfestschreibung gestattet.

Wir behalten uns vor, den Zinssatz ab 27.4.1984 der jeweiligen Marktlage anzupassen, bei Änderungen des Zinssatzes bedarf es keiner besonderen Mitteilung. Die Zinsen werden vierteljährlich abgerechnet und sind jeweils am Quartalsende zu zahlen. Sollten die Zinsen nicht spätestens 14 Tage nach Fälligkeit bezahlt sein, so erhöht sich der Zinssatz um 1 % für die Dauer des Verzugs.

VOLKSBANK ÜBERALL EG

Blatt 2 zum Schreiben vom 27.4.1979

Das Darlehen ist ohne Kündigung zur sofortigen Rückzahlung fällig, wenn Zahlungen von Zinsen und Kapital länger als 14 Tage rückständig sind, ferner bei Beendigung der Geschäftsverbindung nach Ziffer 17 AGB.

Mehrere Darlehensnehmer haften als Gesamtschuldner; jeder von ihnen ist alleine zur Verfügung über das Darlehen berechtigt.

Wir haben Ihnen außer dem hier genannten Darlehen noch folgende Kredite/Darlehen bereitgestellt:
Kredit in laufender Rechnung in Höhe von DM 3o.ooo,--

Neben den aufgrund unserer AGB haftenden Sicherheiten sind folgende Sicherheiten gestellt oder noch zu stellen:

1. Bürgschaft DM 3o.ooo,-- der geschäftsführenden Gesellschafter Hans und Elisabeth Meier
2. Grundschuld DM 1oo.ooo,-- ohne Vorlasten in Abt. II und nach Vorlasten DM 6o.ooo,-- in Abt. III auf Einfamilienwohnhaus in X-Stadt, Karlsbergring 3, 39o qm groß
3. Sicherungsübereignung einer neu anzuschaffenden 4-Farbdruck-Offesetmaschine Marke Schweden, Kaufpreis ohne Mehrwertsteuer rd. DM 5oo.oooo--
4. Bürgschaft DM 4oo.ooo,-- der geschäftsführenden Gesellschafter Hans und Elisabeth Meier

Darüber hinaus ist vereinbart:

Das Darlehen darf erst in Anspruch genommen werden, wenn alle Bedingungen erfüllt sind und dies von uns geprüft ist.

An diese Kreditzusage halten wir uns 2 Monate gebunden.

Wir unterstellen Ihr Einverständnis mit vorstehenden Bedingungen, wenn nicht innerhalb einer Frist von 1o Tagen eine gegenteilige schriftliche Nachricht bei uns eingegangen ist.

Mit freundlichen Grüßen

VOLKSBANK ÜBERALL EG

[illegible]

[illegible]

[illegible]

1. [illegible]

2. [illegible]

3. [illegible]

[illegible]

VI. Die renitente Erbengemeinschaft

Von
Hans Perlinger

Die Eheleute Hans und Edelgard Rohwedder hatten im Jahre 1975 bei der Privatbank AG einen Privatkredit über DM 25.000,– aufgenommen. Dabei war vereinbart, daß die 1. Rate in Höhe von DM 811,– am 15.8.1975 fällig sein sollte, die Folgeraten von DM 778,– jeweils am 15. eines jeden Monats.

Die Raten für den Privatkredit wurden zunächst von den Eheleuten pünktlich gezahlt. Als aber Herr Rohwedder zum 1.7.1976 arbeitslos wurde, gerieten die Schuldner mit den Zahlungen immer mehr ins Stocken.

Aufgrund verschiedener Mahnschreiben der Privat-Bank AG gingen in der Folge zwar noch unregelmäßig Beträge mit wechselnden Höhen ein. Als jedoch gegen Jahresende 1976 auf verschiedene Mahnschreiben hin keine Zahlungen mehr erfolgten, kündigte die Privat-Bank AG den Privatkredit mit folgendem Schreiben:

Einschreiben

Herrn Hans Rohwedder
und Frau Edelgard
Lichterlohstraße 24

8500 Nürnberg

Nürnberg, den 10.1.1977

Ihr Privatkredit auf Kto. Nr. 2150347216

Sehr geehrte Frau Rohwedder,
sehr geehrter Herr Rohwedder,

unsere bisherigen Aufforderungen, Ihren Verpflichtungen gegenüber unserer Bank nachzukommen, haben Sie leider unberücksichtigt gelassen!

Unter Bezugnahme auf Ziffer 17 unserer Allgemeinen Geschäftsbedingungen kündigen wir deshalb die Geschäftsverbindung und stellen nach Ziffer 18 der genannten Bedingungen unsere gesamte Forderung gegen Sie in Höhe von

DM 21.104,56 per 10.1.1977

sowie weitere Zinsen und Kosten zur sofortigen Rückzahlung fällig. Der gekündigte Betrag wird wegen Verzug ab Fälligkeit b. a. w. mit 9,75 % p. a. Zinsen plus 3 % p. a. Überziehungsprovision abgerechnet.

Sollten Sie den fälligen Betrag einschließlich Zinsen und Kosten nicht bis spätestens 24.1.1977 beglichen haben, werden wir zur Beitreibung unserer Forderung gerichtliche Schritte gegen Sie einleiten.

Mit freundlichen Grüßen

Privat-Bank AG

Nach fruchtlosem Ablauf der im Kündigungsschreiben eingeräumten Zahlungsfrist wurde von der Privat-Bank AG das gerichtliche Mahnverfahren wegen der gegenüber den Schuldnern bestehenden Forderung eingeleitet. Während des Mahnverfahrens hüllten sich die Schuldner in Schweigen, so daß die Privat-Bank AG einen vollstreckbaren Titel über die von ihnen geltend gemachte Forderung vom Amtsgericht Nürnberg zugesprochen erhielt.

Nach Erhalt des Vollstreckungstitels veranlaßte die Privat-Bank AG Zustellung des Titels an die Schuldner und die gleichzeitige Mobiliarpfändung beim zuständigen Gerichtsvollzieher. Die Mobiliarpfändung hatte jedoch keinen Erfolg.

Daraufhin wurde durch die Gläubigerin gegen die Schuldner das Verfahren zur Abgabe der eidesstattlichen Versicherung eingeleitet, wobei dies aus Kostengründen lediglich wegen einer Titelforderung in Höhe von DM 2000,– geschah. Nachdem die von den Schuldnern beschworenen Vermögensverhältnisse dem zuständigen Abwicklungssachbearbeiter der Privat-Bank AG durch das Amtsgericht Nürnberg übersandt worden waren, stellte dieser im Vermögensverzeichnis von Frau Rohwedder folgenden Eintrag fest:

25. Anteile an nicht auseinandergesetzten Erbengemeinschaften	1/8 Miterbenanteil am Anwesen Wiesbaden, Forststraße 39

Weitere pfändbare Habe war aus den Vermögensverzeichnissen nicht ersichtlich.

Der zuständige Abwicklungssachbearbeiter der Privat-Bank AG veranlaßte daraufhin beim Amtsgericht – Grundbuchamt Wiesbaden die Übersendung eines unbeglaubigten Grundbuchauszuges. Darüber hinaus ließ er sich vorab fernmündlich die ladungsfähigen Anschriften sämtlicher Miterben vom Grundbuchamt mitteilen. Die Privat-Bank AG beantragte nach Vorliegen der notwendigen Informationen mit dem üblichen Antragsformular beim Amtsgericht Nürnberg wegen ihrer Ansprüche einen Pfändungs- und Überweisungsbeschluß hinsichtlich des Miterbenanteils von Frau Rohwedder mit folgenden Ausführungen:

Wegen dieser Ansprüche – sowie wegen der Zustellungskosten für diesen Beschluß gemäß Kostenrechnung II – wird der angebliche Miterbenteil zu 1/8 der Schuldnerin an der Miterbengemeinschaft am Nachlaß des verstorbenen Josef Grinzinger einschließlich des Anspruchs auf Auseinandersetzung dieser Miterbengemeinschaft gepfändet.

Drittschuldner sind die nachfolgend aufgeführten Miterben:

1. Heidelinde Wind, geb. Wach, Hardtstraße 2, 8542 Roth
2. Renate Franken, geb. Strunz, Gundelstraße 54, 8540 Schwabach
3. Gunda Hausen, geb. Bach, Karfunkelstraße 37, 8520 Erlangen
4. Winfried Gundel, Schwarzfeldstraße 3, 8700 Würzburg
5. Heidi Schön, Am Sandbrunnen 27, 8560 Lauf
6. Hans Grinzinger, Am Stadtpark 4, 6000 Frankfurt/Main
7. Kunigunde Dreifuß, Remagenweg 67, 6500 Mainz

U. a. wird auch der zum Nachlaß gehörende Grundbesitz in Wiesbaden, Forstraße 39, F/Nr. 2381/157, eingetragen im Grundbuch des Amtsgerichts Wiesbaden für Biebrich, Band 153, Blatt 3793, von der Pfändung erfaßt.

Nachdem der Pfändungs- und Überweisungsbeschluß allen drittschuldnerischen Miterben zusammen mit der Aufforderung zur Abgabe der Drittschuldnererklärung nach § 840 ZPO durch verschiedene Gerichtsvollzieher zugestellt war und 6 Miterben bereits bei Zustellung auf einem Formschreiben die Erklärung gem. § 840 ZPO abgegeben hatten, wurde die Miterbin Renate Franken durch die Privat-Bank AG gesondert zur Abgabe der Erklärung gem. § 840 ZPO wie folgt aufgefordert:

Einschreiben

Frau
Renate Franken
Gundelstraße 54

8540 Schwabach

Abgabe der Drittschuldnererklärung gem. § 840 ZPO in der Vollstreckungssache gegen die Eheleute Rohwedder

---

Sehr geehrte Frau Franken,

wir beziehen uns auf den Ihnen als Drittschuldnerin am 29.9.1977 zugestellten Pfändungs- und Überweisungsbeschluß des Amtsgerichts Nürnberg vom 7.8.1977 sowie auf die Ihnen gleichzeitig zugestellte Aufforderung zur Erklärung,

1. ob und inwieweit Sie die Forderung als begründet anerkennen,
2. ob und welche Ansprüche andere Personen an dieser Forderung geltend machen,
3. ob und wegen welcher Ansprüche die Forderung bereits für andere Gläubiger gepfändet ist.

Sie sind der Ihnen vom Gesetz auferlegten Erklärung bisher nicht nachgekommen. Aus diesem Grunde setzen wir Ihnen zur Beantwortung der oben gestellten Fragen eine Nachfrist bis 10.10.1977.

Sollten Sie dieser Aufforderung erneut nicht nachkommen, so behalten wir uns das Recht vor, wegen eines uns durch Ihr Verhalten entstehenden Schadens Klage gegen Sie zu erheben, wobei Ihnen die Kosten dieser Klage in jedem Falle zur Last fallen.

Mit freundlichen Grüßen

Privat-Bank AG.

Auch auf dieses Schreiben hin antwortete die Miterbin Franken nicht. Weil aber die Nichtabgabe der Drittschuldnererklärung die Wirksamkeit der Pfändung des Miterbenanteils der Schuldnerin nicht beeinträchtigt, konnte die Eintragung der Pfändung in das Grundbuch mit folgendem Schreiben veranlaßt werden:

Einschreiben

Amtsgericht
– Grundbuchamt –
Gerichtstraße 2

6200 Wiesbaden

Eintragung der Pfändung eines Miterbenanteils im Grundbuch

Sehr geehrte Damen und Herren,

im Grundbuch des Amtsgerichts Wiesbaden, Band 153, Blatt 2793, ist als Eigentümerin des Anwesens Forststraße 39, F/Nr. 2381/157, die Erbengemeinschaft Rohwedder u. a. eingetragen.

Unter Vorlage des Pfändungs- und Überweisungsbeschlusses des Amtsgerichts Nürnberg vom 7.8.1977 samt Zustellungsnachweisen, bitten wir Sie, die Pfändung des 1/8-Miteigentumsanteil der Frau Rohwedder im Grundbuch einzutragen.

Wir bitten Sie, uns nach Vollzug der Eintragung einen unbeglaubigten Grundbuchauszug unter Angabe Ihrer Kosten zu überreichen.

Mit freundlichen Grüßen

Privat-Bank AG

Nach Vorliegen des aktuellen Grundbuchauszuges erwirkte die Privat-Bank AG beim Amtsgericht Wiesbaden – Vollstreckungsgericht für das unbewegliche Vermögen – einen Beschluß auf Anordnung einer Teilungsversteigerung. Nach Zustellung dieses Beschlusses an sämtliche Beteiligten ging der Privat-Bank AG die Durchschrift eines Einstellungsantrages, unterzeichnet von den Miterben Heidelind Wind, Gunda Hausen und Heidi Schön zu, mit folgendem Inhalt:

> An das
> Amtsgericht
>
> 6200 Wiesbaden
>
> In der Zwangsversteigerungssache zwecks Aufhebung der Gemeinschaft
> Privat-Bank AG gegen
> Miterbengemeinschaft Rohwedder u. a.
> Az.: 61 k 57/73
>
> Die Unterzeichneten beantragen, das Verfahren zunächst auf die Dauer von 3 Monaten einzustellen.
>
> Begründung:
>
> Die Antragstellerin betreibt die Zwangsversteigerung mit dem Ziel der Aufhebung der Gemeinschaft, also zur Auseinandersetzung der Erbengemeinschaft Rohwedder hinsichtlich des zum Nachlaß gehörenden Grundbesitzes. Diese Auseinandersetzung ist jedoch unzulässig, da in dem Testament des Erblassers eine Auseinandersetzung des Grundbesitzes oder eine Veräußerung oder Belastung auf die Dauer von 20 Jahren ausgeschlossen ist.
>
> Die Miterben

Zur Prüfung der Rechtslage stimmte die Privat-Bank AG der Einstellung zusammen mit den übrigen Miterben zu. Sie beantragte jedoch fristgerecht die Forsetzung des Verfahrens. Zusätzlich gab die Privat-Bank AG u. a. folgende Begründung:

> Wir verweisen auf den dem Vollstreckungsgericht Wiesbaden vorliegenden Pfändungs- und Überweisungsbeschluß hinsichtlich des Miterbenanteils Rohwedder, der dem Gericht mit unserem Antrag auf Anordnung der Teilungsversteigerung übersandt worden ist. Nach den Vorschriften der §§ 2042 BGB in Verbindung mit § 751 BGB kann bei Pfändung des Anteils eines Miterben der Pfändungsgläubiger ohne Rücksicht auf die Bestimmung des Erblassers die Aufhebung der Gemeinschaft verlangen.

Nachdem sämtlichen Miterben diese Rechtslage bekannt geworden war, kam der im Testament zugelassene Verkauf mit Zustimmung sämtlicher Miterben zu einem angemessenen Kaufpreis zustande, wobei die Privat-Bank AG mit ihren Forderungen volle Befriedigung erlangen konnte. Das Auseinandersetzungsverfahren war nach der rechtsverbindlichen Unterzeichnung des Kaufvertrages eingestellt worden. Die Löschungsbewilligung für den Pfändungsvermerk wurde dem Notar Dr. Richter mit der Auflage erteilt, daß hiervon nur Gebrauch gemacht werden darf Zug um Zug gegen Zahlung der Restforderung einschließlich Zinsen und Kosten. Auf diese Weise konnte die Privat-Bank AG ihre gesamte Forderung gegen die Schuldner Rohwedder realisieren.

VII. Der Kaufkredit (Anschaffungsdarlehen)

Von
Jürgen Falke

Wohl zu den meist verbreiteten Krediten gehört der Kaufkredit, der auch, je nach Institut, als Kleinkredit, Anschaffungsdarlehn oder PAD bekannt ist. Er entstand in den fünfziger Jahren, um dem Unselbständigen die Finanzierung von Anschaffungen des persönlichen Bereiches zu ermöglichen. Bis dahin wurde diese Kreditform ausschließlich von den sogenannten Teilzahlungs- oder Abzahlungsbanken genutzt. Entscheidend für die Diversifikation der Kreditbanken war, neue Kundenschichten zu erschließen.

Die gesetzlichen Grundlagen des Kaufkredites finden wir im Bürgerlichen Gesetzbuch (BGB) in den Bestimmungen über den Darlehnsvertrag.

Wie schon oben erwähnt, ist der Kaufkredit, oder wie immer er genannt wird, auf die Person des Kreditnehmers abgestellt. Nicht umsonst wird bei dieser Kreditart von Konsumentenkrediten gesprochen. So ist auch der Verwendungszweck – im Laufe der Jahre – auf nahezu alle Bereiche des täglichen Lebens ausgedehnt worden. Heute werden mit dem Kaufkredit beispielsweise auch Arzt-, Reise- und Autoreparaturkosten finanziert.

Im Gegensatz zum konventionellen Darlehn, bei dem die Zinsberechnung ja periodisch nachträglich und auf den Kreditrestbetrag erfolgt, werden beim Ratenkredit – und um einen solchen handelt es sich ja beim Kaufkredit – die Zinsen als Pro-Monat-Satz für die gesamte Laufzeit – basierend auf dem Ursprungsdarlehn – im voraus berechnet. In unserem Beispiel (siehe unten) bedeutet das bei der unterstellten Laufzeit von 48 Monaten und einem Zinssatz von 0,4 % pro Monat einen Effektivzins von 9,40 % p. a. Rechnet man diesem Satz die Bearbeitungsgebühr von beispielsweise 2 % hinzu – dieser Satz ist marktüblich –, so ergibt sich ein Jahreszins von 10,38 %. Die Kreditkosten werden dem Darlehnsbetrag ebenso wie mögliche Prämien für eine Restschuldversicherung (s. a. unten) zugeschlagen. Die Gesamtsumme wird in festen monatlichen Raten getilgt.

Beim Kaufkredit können im allgemeinen bankübliche Sicherheiten nur in beschränktem Umfang gestellt werden. Das damit verbundene höhere Risiko gleichen die Banken mit dem höheren Zinssatz aus.

Da der Kreditnehmer und der Sicherungsgeber im Kaufkreditbereich weitgehend identisch sind, kann auch die Bearbeitung vereinfacht werden. Hierbei ist zu unterscheiden, ob der Antragsteller sofort über die beantragte Summe verfügen will oder nicht. Im letzteren Fall kann das als Muster 1 beigefügte „Arbeitsblatt" gute Hilfe leisten. Es ist darauf abgestellt, daß im oberen Teil die persönlichen Angaben sowie die den speziellen Kreditwunsch betreffenden Daten festgehalten werden. Der Folgeteil beinhaltet die Anweisung für die Vorbereitung der Standardformulare bzw. -Sicherheiten. Schließlich folgen dann die zusätzlichen Sicherheiten. Auf Seite – 2 – sind die Arbeiten des Innenbereiches angegeben. Wie aus dem genauen Studium zu ersehen ist, kann das Arbeitsblatt für Neukredit, Kreditaufstockung und Kreditlöschung verwendet werden.

Wie bereits erwähnt, handelt es sich bei dem Kaufkredit um eine Standardform, die geradezu danach verlangt, auch den Kreditvertrag in vereinfachter Form darzustellen (Muster 2). Der Darlehnsvertrag bzw. der Arbeitsbogen wird, zusammen mit der vorliegenden oder einzuholenden Schufa-Auskunft, mit der Kaufkredit-Karteikarte (Muster 3) von dem zuständigen Kompetenzträger genehmigt. Die Karte wird bei positivem Entscheid zur Karteikarte.

Als Sicherheit für den Kaufkredit bietet sich die Abtretung des Arbeitseinkommens an. Wenn auch die Abtretung aufgrund tarifvertraglicher Vereinbarungen zur Zeit nicht wirksam sein sollte (z. B. Bau- und Baunebengewerbe), kommt sie doch möglicherweise bei einem Arbeitsplatzwechsel zum Zuge. Normalerweise wird die Offenlegung der Zession unterbleiben, und zwar mindestens so lange, wie über das Konto des Kreditnehmers bei der kreditgebenden Bank die Lohn-/Gehaltszahlungen laufen. Die üblichen Formularsätze für die Abtretung von Arbeitseinkommen enthalten auch eine Anzeige über die Abtretung an den Arbeitgeber. Hierbei ist zu berücksichtigen, daß die Unterschrift auf der Anzeige bei Beamten, Geistlichen, Lehrern und Militärpersonen öffentlich beglaubigt sein muß (§ 411 BGB).

Bestehen noch anderweitige Kreditverpflichtungen, so ist in der Regel davon auszugehen, daß sich der vorhergehende Kreditgeber die Gehaltsansprüche sicherungsweise abtreten ließ. Er genießt also die Priorität. Daher sollten Restkredite grundsätzlich von dem nachrangig kreditgebenden Institut abgelöst und in den jetzt beantragten Kreditwunsch einbezogen werden. Mit Rücksicht auf eventuelle Gehalts- oder Lohnbevorschussungen durch den Arbeitgeber sollte generell eine Gehaltsbescheinigung (siehe Muster 4) beigebracht werden. Aus ihr geht meistens auch hervor, ob eine Abtretung des Arbeitseinkommens möglich oder ausgeschlossen ist.

Inwieweit Zusatzsicherheiten gestellt werden müssen, hängt von der geschäftspolitischen Konzeption jedes Institutes ab. So wird in vermehrtem Umfang das Monatseinkommen des Kreditnehmers – und gegebenenfalls seines Ehegatten – oder ein Mehrfaches davon als Basis für einen Kredit ohne zusätzliche Sicherstellung genommen.

Unabhängig von einem Sicherungsbedürfnis sollte aus güterrechtlichen und moralischen Überlegungen der Ehegatte als Bürge grundsätzlich mitverpflichtet werden.

Ist der Kreditnehmer alleinstehend, empfiehlt es sich, das Todesfallrisiko – soweit nicht durch eine bereits bestehende Lebensversicherung möglich – durch eine Restschuldversicherung abzudecken. Der Versicherungsschutz kann noch durch Einbeziehung des Krankheitsrisikos erweitert werden. Hierbei wird in der Regel vom Versicherer ab dem 31. Krankheitstag die monatliche Rückzahlungsrate übernommen. Im Todesfall wird der Restkredit durch die Versicherungsgesellschaft abgedeckt. Da die Versicherungsprämie im voraus berechnet und bei Abschluß der Versicherung zu zahlen ist, hat es den Vorteil, daß Prämienrückstände gar nicht erst entstehen können. Teilweise finanzieren die Kreditinstitute die Prämien im Kreditwege mit.

Nach Abschluß des Darlehnsvertrages und Stellung der vereinbarten Sicherheiten erfolgt die Kreditbereitstellung. Hierbei haben fast alle Kreditinstitute ein vereinfachtes – Durchschreibe-Verfahren (siehe Muster 5) entwickelt. Die Buchungsbelege fallen beim Ausfertigen des Darlehnsvertrages mit an. Aus Rationalisierungsgründen empfiehlt es sich im übrigen, den Kaufkrediten einen separaten Kontonummernkreis, der sicher an die Kontonummer des laufenden Kontos angelehnt ist, zuzuordnen.

Weil es sich, wie oben dargelegt, um ein uniformes Geschäft handelt, kann auch die Korrespondenz und das Mahnwesen über Formbriefe abgewickelt werden. Das gilt insbesondere auch für das Mahnwesen (siehe Muster 6 und 7).

In diesem Zusammenhang sei nach den im allgemeinen bestehenden Verträgen mit der SCHUFA darauf hingewiesen, daß sämtliche Kreditgewährungen (einschließlich der Verpflichtung von Bürgen), vorzeitige Tilgungen, Kündigungen und die Einleitung von Mahnverfahren der Schutzgemeinschaft zu melden sind. Dies gilt verständlicherweise für den Kreditauslauf durch planmäßige Tilgung nicht.

Muster -1-

Arbeitsblatt KAUFKREDIT

Kreditnehmer:	Müller, Hans	Konto-Nr.:	1234.56
Anschrift:	Friedrichstr. 191 6200 W.	Mitgl.-Nr.:	1979
Beruf:	Kfz.-Mechaniker	Kunde seit:	1974
Kreditbetrag:	(Möbelkauf, Abl. Restkr.)	DM	10.000.-
Mtl. Nettoeinkommen Antragsteller:		DM	1.950.-
Ehegatte:		DM	–
Zusatzsicherheiten:	LV 10.000 o. RW SÜ Pkw VW Bj. 7/74 Bü Ehefrau		
Laufzeit:	48 Monate		
1. Rate		DM	229.-
mtl. Folgeraten:		DM	253.-
Schufa-Auskunft vorab telefonisch:	bekannt		

erforderlich	erledigt	Folgende Formulare sind auszufüllen bzw. Arbeitsgänge vorzunehmen:	
⊗	Ø	Darlehnsvertrag für Kaufkredite	(203.09)
⊗	O	- Kopie des Darlehnsvertrages mit Formbrief an Kunden senden	
⊗	O	Anzeige an Arbeitgeber w/"Abtretung meiner Lohn-/Gehaltsansprüche"	(233.11)
		Zusatzsicherheiten:	
Ø	O	Abtretung von Arbeitseinkommen	(233.021)
O	O	Bürgschaftserklärung -zweifach-	(230.006)
O	O	- Kopie der Bürgschaftserklärung mit Formbrief an Bürgen senden	
O	O	- Bürgenkartei (grün) an Kreditrevision senden	
O	O	- Schufa-Erklärung "Datenerfassung bei der Schufa"	(215.309)
O	O	- Selbstauskunft	(203.050)
O	O	Antrag auf Restschuldversicherung	
O	O	Sicherungsübereignung Kfz -zweifach-	(242.004)
O	O	- Benachrichtigung der Versicherungsgesellschaft	(242.10)
O	O	- Kopie der SÜ (242.00) mit Formschreiben an Kunden senden	
⊗	O	Abtretung der Rechte aus einer Lebensversicherung	(234.028)
⊗	O	- Teile II und IV an Versicherungsgesellschaft senden	
⊗	O	- Teil III an Versicherungsnehmer senden	
O	O	Konto- / Depot-Sperre	(Form 217)
O	O	Sonstige Formulare für Sicherheiten	

Form 254

bitte wenden

erforderlich	erledigt		
⊗	O	Schriftliche Schufa-Anfrage	
⊗	O	EDV - Kontoeröffnung - Kaufkredite	(Form 250)
O	O	EDV - Änderung - Kaufkredite bei KK-Aufstockung	(Form 251)
⊗	O	Ratenzahler Kaufkredite	(Form 211)
⊗	O	Überweisung 1. Rate	
⊗	⊗	Gelbe Karteikarte "Kaufkredit" ausfüllen	(202.096)
⊗	O	Sicherheitenvorblatt anlegen bzw. ändern (nur bei Zusatzsicherheiten)	
O	O	Zinsrückvergütung (bei KK-Aufstockung)	

<u>Kaufkredit-Löschung</u>

O	O	Ratenzahler Kaufkredite -löschen-	(Form 211)
O	O	Zinsrückvergütung (bei vorzeitiger Tilgung)	
O	O	Gelbe Karteikarte "Kaufkredit" (202.096) in Erloschenen-Kartei ablegen	
O	O	Freigabe der Bürgschaft mit Formbrief an den Bürgen	
O	O	- Kreditrevision wegen Bürgenkartei benachrichtigen	
O	O	Aushändigung des Kfz-Briefes von Kunden quittieren lassen	
O	O	- Sicherungsschein an Versicherungsgesellschaft senden	(242.10 Teil III)
O	O	Lebensversicherungs-Police mit Formbrief an Kunden senden	
O	O	- Freigabe der abgetretenen Rechte mit Formbrief der Versicherungsgesellschaft mitteilen	
O	O	Konto- / Depot-Sperre aufheben	(Form 216)
O	O	Sonstige Sicherheiten freigeben bzw. Formulare entwerten	
O	O	Sicherheitenvorblatt -Freigabe eintragen-	
O	O	Kaufkredit-Konto löschen	
O	O	Akten ablegen	

Form 254

20.10.79 Kei.

Datum / Unterschrift

Muster -2-

Darlehnsvertrag
für Kaufkredite mit Sicherheiten

Darl. Kto. Nr.: 100 1234 56

lfd. Kto. Nr.: 1234 56

Mitgl.-Nr.: 1979

Zwischen Herrn Hans Müller, Friedrichstr. 19A, 6200 Wiesbaden,
Darlehnsnehmer

und der WIESBADENER VOLKSBANK EG
Bank

wird folgender Vertrag geschlossen:

I. Darlehn

Die Bank gewährt dem Darlehnsnehmer folgendes Darlehn:

	Darlehnsbetrag	DM	10.000,--
+ 0,4 %	Zinsen pro Monat für 48 Monate v. Darlehnsbetrag	DM	1.920,--
+ 2,0 %	einmalige Bearbeitungsgebühr vom Darlehnsbetrag	DM	200,--
+	Versicherungsgebühren	DM	-,--
	Gesamtbetrag	DM	12.120,--

Rückzahlung zu Lasten Konto: 1234 56 Effektiver Jahreszins 10,38 % p. a.

1. Rate à DM 229,-- am 1.11.1979 = DM 229,--

47 Raten à DM 253,-- beginnend ab 1.12.79 = DM 11.891,-- insges. DM 12.120,--

Verwendungszweck: Möbelkauf / Abl. Restkredit

II. Sicherheiten

Zur Sicherstellung aller Forderungen der Bank oder deren Rechtsnachfolger gegen den Darlehnsnehmer aus diesem Darlehn sowie aller ihr in Zusammenhang damit entstehenden Forderungen – auch soweit fällige Raten und Beträge dem Kontokorrentkonto des Darlehnsnehmers belastet worden sind – werden folgende Sicherheiten gestellt:

X 1. **Bürgschaft**

der Ehefrau, Waltraud Müller geb. Schmitt,
Friedrichstr. 19A, 6200 Wiesbaden,
Bürge(n) – Name und Anschrift

übernimmt/übernehmen hiermit die selbstschuldnerische Bürgschaft.

X 2. **Abtretung der Arbeitseinkünfte**

Der Darlehnsnehmer **und der/die Bürge(n)** treten hiermit den pfändbaren Teil ihrer derzeitigen und zukünftigen Ansprüche auf Arbeitseinkommen gegen den jeweiligen Arbeitgeber an die Bank ab. Sie verpflichten sich, der Bank alle Änderungen, die das Einkommensverhältnis betreffen, unverzüglich mitzuteilen und ihr hierüber auf Verlangen jederzeit Auskunft zu geben. Die Bank ist berechtigt, die Abtretung(en) anzuzeigen*), wenn der Darlehnsnehmer oder der/die Bürge(n) mit seinen/ihren Verpflichtungen aus diesem Vertrag in Rückstand gerät/geraten.

3. **Sicherungsübereignung**

Der Darlehnsnehmer übereignet der Bank hiermit

genaue Bezeichnung des Sicherungsguts

Kraftfahrzeug:

Marke	Typ	Art/Aufbau	Tag der ersten Zulassung	PS-kW/ccm
VW	32	PKW geschlossen	19.7.1974	55/1281
Fahrgestell-Nr.	**Motor-Nr.**	**Amtliches Kennzeichen**	**Kraftfahrzeug-/Anhänger-Brief Nr.**	
987654321	-	WI - ..	13245768	

Darlehnsnehmer und Bank sind darüber einig, daß das Eigentum an dem Sicherungsgut und dem Zubehör mit dem Tag des Vertragsabschlusses auf die Bank übergeht. Die Übergabe des Sicherungsguts wird gemäß § 930 BGB durch die Vereinbarung ersetzt, daß es der Darlehnsnehmer unentgeltlich und sorgfältig für die Bank verwahrt. Befindet sich das Sicherungsgut im Besitz eines Dritten, so tritt der Darlehnsnehmer hiermit seinen Herausgabeanspruch an die Bank ab.

Der Darlehnsnehmer ist verpflichtet, das übereignete Sicherungsgut für die Dauer der Übereignung in voller Höhe gegen diejenigen Gefahren, für die der Bank ein Versicherungsschutz erforderlich erscheint, zu versichern. Im Fall eines Umtauschs des übereigneten Sicherungsguts besteht Einigkeit darüber, daß die Ersatzgegenstände mit Inbesitznahme an die Bank übereignet sind.

Ergänzend gelten die **umseitigen weiteren Darlehnsvereinbarungen** sowie die **Allgemeinen Geschäftsbedingungen** der Bank, deren Wortlaut in den Geschäftsräumen der Bank eingesehen werden kann. Der Darlehnsnehmer kann die Aushändigung dieser Allgemeinen Geschäftsbedingungen verlangen.

WI, 20.10.1979
Ort, Datum — Darlehnsnehmer

WI, 20.10.1979
Ort, Datum — Bürge(n)

WI, 20.10.1979
Ort, Datum — Bank

Bank

*) Bitte Vordruck 233 048 verwenden

202 096 I dgverlag 3.79

III. Weitere Darlehnsvereinbarungen

1. Die Bank ist berechtigt, dem Kontokorrentkonto des Darlehnsnehmers das Darlehn gutzubringen und fällige Raten und Beträge zu belasten.
2. Im Fall vorzeitiger Zurückzahlung des Darlehns oder von Darlehnsbeträgen sind von der Bank die belasteten Zinsen anteilig nach den Grundsätzen der staffelmäßigen Zinsrechnung für die noch nicht angefallenen Laufzeitmonate zurückzuerstatten, sofern die Rückzahlungssumme mindestens 2 Monatsraten umfaßt und wenigstens DM 200,– beträgt. Dagegen besteht keine Rückerstattungspflicht für die Bearbeitungsgebühr und die Barauslagen.
3. Die Bank kann das Darlehn ohne Einhaltung einer Frist kündigen und sofort fällig stellen, wenn der Darlehnsnehmer mit der Zahlung einer Rate länger als 14 Tage in Rückstand ist oder die Bank die Geschäftsverbindung nach Nr. 17 Satz 2 AGB beendet. In diesem Fall wird die Bank das Darlehn abrechnen und von diesem Betrag als Kreditkosten DM .... –,–– .... und als Verzugszinsen .... 0,04 ... % pro Tag berechnen.
4. Die Bank hat das Recht, bei unrichtigen Angaben die sofortige Rückzahlung des Darlehns zu verlangen.
5. Alle im Zusammenhang mit diesem Vertrag entstehenden Auslagen und Nebenkosten – auch soweit sie aus der Beauftragung der zuständigen Genossenschaftlichen Treuhandstelle erwachsen – trägt der Darlehnsnehmer. Die Auslagen und Nebenkosten werden dem laufenden Konto des Darlehnsnehmers belastet.
6. Soweit der Darlehnsnehmer weitere Verpflichtungen übernommen hat, sind sie Bestandteil dieses Vertrags. Sondervereinbarungen sind möglich. Jede Änderung oder Ergänzung dieses Vertrags oder eine Vereinbarung über dessen Aufhebung bedarf um Gültigkeit zu erlangen, der Schriftform. Auf dieses Formerfordernis kann nur durch schriftliche Erklärung verzichtet werden.
7. Sollten einzelne Bestimmungen dieses Vertrags nicht Vertragsbestandteil geworden oder unwirksam sein bzw. nicht durchgeführt werden, so bleibt der Vertrag im übrigen wirksam. Soweit Bestimmungen nicht Vertragsbestandteil geworden oder unwirksam sind, richtet sich der Inhalt des Vertrags nach den gesetzlichen Bestimmungen.
8. Die Bank ist berechtigt, einer Kreditschutzorganisation oder einer Kreditversicherung Angaben über diesen Vertrag und seine Abwicklung zu machen.

IV. Datenerfassung bei der Kreditschutzorganisation

Im Zusammenhang mit der Aufnahme und Abwicklung dieses Darlehns und auch im Zusammenhang mit der Übernahme und Abwicklung der Bürgschaft werden der Schutzgemeinschaft für allgemeine Kreditsicherung (Schufa) Daten über den Darlehnsnehmer, etwaige Mitschuldner und Bürgen zur Speicherung im Rahmen ihrer Tätigkeit übermittelt. Die Adresse der örtlich zuständigen Schufa teilt die Bank auf Wunsch mit; außerdem ist die Bundesschufa e. V., Kronprinzenstraße 28, 6200 Wiesbaden, zur Auskunftserteilung bereit.

V. Persönliche Angaben

	Darlehnsnehmer		Ehegatte		Bürge	
1. Name, ggf. Geburtsname						
Vorname						
Geburtsdatum						
Anschrift mit Telefon						
Beruf						
Beschäftigt bei						
seit						
Unterhaltungsberechtigte Personen (Name und Alter)						
2. Monatl. Netto-Lohn/-Gehalt						
Sonstige Einkünfte						
3. Monatl. Ausgaben (z. B. Mieten, Versicherungen, Abzahlungen)						
4. Vermögen (z. B. Guthaben, Wertpapiere, Lebensversicherungen, Grundbesitz)						
5. Sonstige Zahlungsverpflichtungen (auch Bürgschaften)						
6. Bestand/Besteht						
a) Zahlungsklage oder Mahnverf. in den letzten 3 Jahren?	☐ ja	☐ nein	☐ ja	☐ nein	☐ ja	☐ nein
b) Konkurs- oder Vergleichsverfahren?	☐ ja	☐ nein	☐ ja	☐ nein	☐ ja	☐ nein
c) Eidesstattliche Vers. Verf.	☐ ja	☐ nein	☐ ja	☐ nein	☐ ja	☐ nein

Kaufkredit

Müller, Hans

Friedrichstr. 19A, 6200 WI

(Darlehnsnehmer)

Darl.-Nr. 100 1234 56

Mitgl.-Nr. 1979

Lfd. Kto. Nr. 1234 56

Gesamtbetrag DM 12.120,--/10.000,-- **Laufzeit** 48 **Monate**

Erste Rate DM 229 **am** 1.11.79 **und Monatsraten zu je DM** 253 **ab** 1.12.79

Zweck: Möbelkauf

Sicherheiten: stille Geh.-Abtr./ SÜ PKW VW Bj. 7/74
Abtr. LV 10.000,-- o. RW./ BÜ Ehefrau

(Bemerkung Rückseite)

Stellungnahme:	Entscheidung:			Bearbeitungsvermerke:
	ja / ~~nein~~	Unterschrift	Datum	Antrag bearbeitet am 21.10.79
		[illegible]	20.10.79	geprüft am 21.10.1979
				Buchungen veranlaßt am 22.10.1979

202 096 dgverlag

Muster - 4 -

Lohn-/Gehaltsbescheinigung

Es wird hiermit bescheinigt, daß

Herr/Frau/Fräulein .... geb. am ....
(Vor- und Zuname)

genaue Anschrift: ....
(Wohnort, Straße)

bei mir/uns seit .... als .... beschäftigt ist.

Das Arbeitsverhältnis ist ungekündigt;

es kann mit einer Frist von .... Wochen/Monaten*) gekündigt werden.

Ablauf der Aufenthaltsgenehmigung/des Arbeitsvertrages*) ....**)

Die wöchentlichen/monatlichen*) Netto-Bezüge belaufen sich auf .... DM

in Worten: Deutsche Mark ....

Vorschüsse sind nicht/in Höhe von .... DM gegeben*).

Die Abtretung der Bezüge ist zulässig/unzulässig*).

Die Bezüge sind nicht/in Höhe von .... DM abgetreten/verpfändet/gepfändet*).

....
(Ort und Datum)

*) Nichtzutreffendes bitte streichen
**) Bei Gastarbeitern bitte angeben
233 12 dgverlag 8. 71

....
(Firmenstempel und Unterschrift)

Muster -5 Gutschrift

Darl. Kto. Nr.: 100 1234 56

Abrechnung des Kaufkredits

lfd. Kto. Nr.: 1234 56

Mitgl.-Nr.: 1979

Herrn Hans Müller, Friedrichstr. 19A, 6200 Wiesbaden,
Darlehnsnehmer

202 086 III dgverlag 3.79

		Darlehnsbetrag	DM 10.000,--
0,4	48	Zinsen	DM 1.920,--
Konto 3700000027			
2,0		Gebühren	DM 200,--
Konto 3320000881		Versich. Gebühr	DM -,--
		Gesamtbetrag	DM 12.120,--

Wiesbaden, den 1234 56

WIESBADENER VOLKSBANK EG

Muster - 6 -

Wiesbadener Volksbank eG

Ihre Nachricht/Ihre Zeichen	Abteilung	Telefon (06121) 367-	Wiesbaden,

Kaufkredit Nr.

wir weisen darauf hin, daß die am
fällig gewesene Zahlungsrate in Höhe von

DM

noch unbezahlt ist und bitten höflich, diesen Betrag innerhalb der nächsten 6 Tage bei uns einzuzahlen.

Mit freundlichen Grüßen

WIESBADENER VOLKSBANK

Sitz der Genossenschaft: Wiesbaden

Eintragung: Amtsgericht Wiesbaden Gen.-Register Nr. 301

Aufsichtsratvorsitzender: Professor Dr. Wilhelm Fresenius
Vorstand: Klaus Wallrath, Vorsitzender; Herbert Eikmeier; Dr. Karl Heinz Geiger; Rolf Hildner

Postfach 6060
Friedrichstraße 20
6200 Wiesbaden 1
Telefon (06121) 367-1
Telex:
Auslandsabteilung 04186831
Sekretariat 04186748
Wertpapierabteilung 04186818

S.W.I.F.T.-Code GENO DE FS 510
BLZ 51090000
Postscheckamt Frankfurt
Konto 250-606

Filialen in allen Stadtteilen Wiesbadens

Muster - 7 -

Wiesbadener Volksbank eG

Ihre Nachricht/Ihre Zeichen	Abteilung	Telefon	Wiesbaden,
		(061 21) 367-	

Kaufkredit Nr.

wir mußten leider feststellen, daß trotz unserer Erinnerung die am fällig gewesene Zahlungsrate in Höhe von

DM

unbezahlt blieb.

Aufgrund dieses Zahlungsrückstandes ist nunmehr vertragsgemäß der Kaufkredit zur sofortigen Rückzahlung fällig geworden, und es sind auf die rückständigen Zahlungen Verzugszinsen in Höhe von 0,04 % pro Tag in Anrechnung zu bringen. Wir fordern Sie deshalb auf, bis spätestens den Kreditbetrag in Höhe von DM auf das obige Konto bei uns einzuzahlen.

Wir wären ausnahmsweise bereit, die bisherigen Bedingungen weiter offenzuhalten, wenn bis zu dem genannten Termin die rückständigen Zahlungsraten in Höhe von DM zuzüglich Verzugszinsen DM und Mahngebühren DM 3.--, insgesamt DM bei uns eingezahlt sind.

Sollten Sie dieser Zahlungsaufforderung nicht entsprechen, so wären wir leider gezwungen, weitere Maßnahmen einzuleiten, unsere Rechte aus den haftenden Sicherheiten geltend zu machen, insbesondere die Abtretung der Einkommensbezüge anzuzeigen und die Bürgen in Anspruch zu nehmen.

Hochachtungsvoll

WIESBADENER VOLKSBANK

Sitz der Genossenschaft: Wiesbaden

Eintragung: Amtsgericht Wiesbaden Gen.-Register Nr. 301

Aufsichtsratvorsitzender: Professor Dr. Wilhelm Fresenius
Vorstand: Klaus Wallrath, Vorsitzender; Herbert Eikmeier; Dr. Karl Heinz Geiger; Rolf Hildner

Postfach 6060
Friedrichstraße 20
6200 Wiesbaden 1
Telefon (061 21) 367-1
Telex:
Auslandsabteilung 0 4186 831
Sekretariat 0 4186 748
Wertpapierabteilung 0 4186 818

S.W.I.F.T.-Code GENO DE FS 510
BLZ 510 900 00
Postscheckamt Frankfurt
Konto 250-606

Filialen in allen Stadtteilen Wiesbadens